Kristiana Heinemann

Moosgummi

Zauberhafte Fensterbilder

Mit Vorlagen in Originalgröße

Augustus Verlag

Vorwort

Liebe Kinder,
mit Moosgummi basteln ist wirklich einfach und macht riesigen Spaß. Ob ihr es zum ersten Mal ausprobiert oder bereits "Moosgummi-Profis" seid, spielt keine Rolle: Mit ein paar Kniffen und Tricks, die ich euch in diesem Buch verrate, klappt's ganz bestimmt! 30 Möglichkeiten für Fensterbilder habe ich mir für euch ausgedacht. Ihr könnt die Bilder in eurem Zimmer aufhängen, aber auch als Geschenk für Freunde und Verwandte findet ihr hier ganz sicher eine passende Idee. Zu jedem Fensterbild gibt es eine genaue Anleitung und die notwendigen Vorlagen zum Ausschneiden. Aber natürlich kannst du alles abändern, wenn du es lieber anders machen möchtest. Deiner Phantasie sind keine Grenzen gesetzt. Moosgummi kannst du in allen guten Bastelgeschäften und Kaufhausabteilungen kaufen, und auch das wenige sonst noch notwendige Werkzeug ist dort erhältlich.
Also: es kann losgehen – und viel Freude und gutes Gelingen mit meinen Bastelvorlagen wünscht

Kristiana Heinemann

Inhalt

Material und Werkzeug

Moosgummi als Platten und Fertigteile

Das Material wird als Platten in den Größen Din A 3, Din A 4 sowie in kleineren Größen als Paket nach Farben sortiert oder einzeln verkauft. Darüber hinaus gibt es eine Vielzahl von Fertigteilen: Kreise, Rechtecke, Luftballons, Blümchen, Herzen usw., aber auch Kugeln und Schnüre, Würfel und andere dreidimensionale Bastelartikel. Die Farbauswahl ist beachtlich, wie du an den farbenfrohen Fensterbildern in diesem Buch sehen kannst. Moosgummi verfärbt sich nicht und hängt nicht durch, er ist robust (knittert nicht, bricht nicht ab), und auch dickere Platten haben nur ein geringes Gewicht. Dadurch macht das Basteln mit Moosgummi so viel Spaß. Die Platten gibt es in verschiedenen Dicken von 1 bis 5 mm. Das Rahmenmaterial sollte immer eine Stärke von etwa 3 mm haben. Nur so verfügt der Rahmen über genügend Festigkeit und kann das Gewicht einer darin oder daran hängenden Figur tragen, ohne sich zu verformen. Kleine Formen (wie Nasen, Hände, Füße, Haarspangen usw.) oder Formen, die nur eine schmückende Funktion haben (wie Haare, Hüte usw.), stellst du aus möglichst dünnem Material her.

Es gilt jedenfalls die Regel: Je kleiner und feiner die Form, desto dünner das Material.

Bei der Materialangabe zu den einzelnen Figuren habe ich immer die verwendeten Stärken angegeben.

Cutter

Verwenden kannst du alle Arten von scharfen Cuttern (Schneidemesser) mit erneuerbaren Klingen. Es ist jedoch auch mit diesen Klingen schwierig, enge Kurven zu schneiden. Ich empfehle daher einen bestimmten Cutter, mit dem deine Schneidversuche von Erfolg gekrönt sein werden. Seine Klinge sieht aus wie ein spitz zulaufendes Dreieck. Mit diesem Messer können auch enge Rundungen und kleine Formen gut geschnitten werden. Erhältlich ist dieser Cutter von den Firmen: Grifhold, x-Acto oder Martor im Grafikbedarf oder im Baumarkt.

Beim Schneiden mit dem Cutter brauchst du die Form nicht erst ringsum groß auszuschneiden. Du setzt ihn direkt auf dem Moosgummi an und ziehst ihn mit leichtem Druck durch das Material. Dadurch wird Moosgummi gespart. Und je schärfer die Klinge, desto einfacher geht es. Wenn du zum ersten Mal mit einem Cutter schneidest, solltest du dir unbedingt von einem Erwachsenen helfen lassen. Einfache Formen können aber auch mit der Schere ausgeschnitten werden.

Schneidunterlage

Für das Arbeiten mit dem Cutter ist eine Schneidunterlage unentbehrlich. Sie verhindert Schnitte auf der Tischplatte, außerdem rutscht die Bastelarbeit nicht so leicht weg. Verwende entweder einen stärkeren Karton (z.B. einen Zeichenblock-Rücken), den du mit Paketklebeband auf den Tisch kleben kannst, oder die im Grafikbedarf angebotenen "Cutting Mats". So eine Unterlage ist sehr langlebig, muß also nicht ausgetauscht werden wie ein zerschnittener Karton, ist aber um einiges teurer.

Bleistift

Dein Bleistift zum Abpausen der Formen sollte eine Härte von 5B bis 7B haben.

Falzbein

Ein wichtiges Werkzeug. Du brauchst es zum Durchreiben der Bleistiftlinien auf die Moosgummiplatte. Als Ersatz kannst du genauso gut aber auch einen Scherengriff oder den Rücken eines stumpfen Messers verwenden. Erhältlich ist das Falzbein nur in Geschäften für Grafik- und Künstlerbedarf.

Lineal

Gerade Linien kannst du mit Hilfe eines Lineals sehr sauber schneiden. Du legst das Lineal direkt auf den Moosgummi und schneidest daran entlang. Ein kleines Stahllineal ist praktisch, da es vom Cutter nicht beschädigt werden kann.

Klebstoff

Ich habe zwei verschiedene Kleber verwendet: Uhu-Bastelkleber für das Zusammenfügen größerer Flächen und Uhu-Sekundenkleber für Stellen, wo große Haltbarkeit erforderlich ist. Wenn Teile Kante auf Kante verklebt werden sollen (ich weise in jeder Bastelanleitung besonders darauf hin), solltest du unbedingt Sekundenkleber nehmen. Laß dir dabei von Erwachsenen helfen, denn dieser Kleber klebt blitzschnell auch Finger zusammen.

Stifte und Farben zum Bemalen

Da die Oberfläche von Moosgummi rauh und fettfrei ist, kann sie mit fast allen Farben, Lacken und Stiften bemalt werden, auch mit Kugelschreiber und Tuschestiften. Bedingung ist allerdings, daß die Farbe wisch- und wasserfest ist, damit nach dem Trocknen nichts mehr verläuft. Die Gesichter und Linien in diesem Buch habe ich fast immer mit Decorlack von Marabu gezeichnet, den es in vielen mischbaren Farben gibt. Bei einigen Figuren ist die Bemalung etwas aufwendig, aber die Mühe lohnt sich, wie ich meine. Du kannst natürlich selbst entscheiden, ob du dein Fensterbild mit wasserfestem Filzstift, Kugelschreiber oder mit Bastellack schmücken möchtest. Das Verzieren am Ende gibt dem Ganzen aber in jedem Fall erst noch den richtigen "Pfiff".

Transparentpapier

Transparentpapier brauchst du zum Abpausen der Vorlagen aus dem Buch und zum übertragen auf die Moosgummiplatte. Es ist in verschiedenen Gewichten und Größen (Din A4, Din A3, als Block oder Bogen) in Schreibwarenläden oder Geschäften für Grafikbedarf erhältlich. Ein Papier von 80 g/m (der Verkäufer weiß bei dieser Angabe, was du willst) ist ideal, weil es dann beim Durchzeichnen auf den Moosgummi nicht reißt.

Tesafilm

Mit Tesafilm befestigst du das Transparentpapier auf dem Moosgummi.

Aufhängefaden

Fensterbilder aus Moosgummi sind sehr leicht, zum Aufhängen genügt deshalb einfaches Nähgarn. Mit einer Nähnadel kannst du den Faden ganz einfach durch die Figur hindurchstecken. Die Einstichstelle verschließt du mit einem Tropfen Bastelkleber, der nach dem Trocknen nicht mehr sichtbar ist.

Lochzange

Pupillen und bunte Punkte kannst du einfach – wenn die Größe paßt – mit einer Lochzange ausstanzen. Diese Zange sollte man sich für Bastelarbeiten auf alle Fälle beschaffen. Es gibt sie recht preiswert. Ab und zu kann man Punkte (oder Löcher) auch mit einem Papierlocher machen.

Tips & Tricks

Um dir den Bastelstart mit Moosgummi zu erleichtern, gebe ich dir nachfolgend noch eine Schritt-für-Schritt-Anleitung, die dir die Entstehung eines Fensterbildes vom Abpausen der Formen bis zum Aufhängen deines Werkes erklärt. Für diese Technik brauchst du keine Schablonen.

Motivlinien abpausen

Du hast dich für ein Bild entschieden und das notwendige Material beschafft. Nimm einen Bogen Transparentpapier zur Hand und lege ihn auf die Vorlage im Buch. Pause die einzelnen Teile ab. Vergiß auch nicht, die gestrichelten Linien mit durchzuzeichnen. Es sind Hilfslinien, die angeben, bis an welche Stelle Teile zusammengeklebt werden, oder wo Gesichter, Gliedmaßen, Kleidung und andere Einzelstücke montiert werden müssen, damit die Proportionen am Ende stimmen. Ebenso solltest du die Gesichter und schmückenden Linien (für Kleidung, Muster usw.) durchpausen. Zeichne dabei langsam und sorgfältig, die Rundungen werden dann schöner. Auch ist es wichtig, auf einer leicht nachgebenden Unterlage (eventuell Graupappe) zu zeichnen.

Dann wendest du das Transparent und ziehst alle Linien, die du zuvor abgepaust hast, mit einem weichen Bleistift auf der Rückseite sorgfältig nach. (Wenn notwendig, den Bleistift mehrmals anspitzen.)

Linien durchreiben

Jetzt drehst du das Transparent wieder zurück auf die rechte Seite und legst es mit der Unterseite auf die Moosgummiplatte in der entsprechenden Farbe. Klebe das Papier mit Tesafilm auf der Platte fest und reibe die Linien mit dem Falzbein (auch Scherengriff oder Messerrükken) mit leichtem Druck durch.

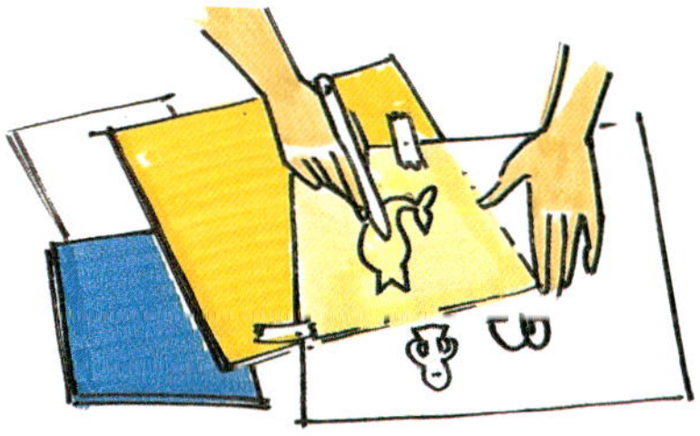

Wenn du das Transparentpapier nun entfernst, sind alle Bleistiftlinien gut auf dem Moosgummi zu sehen. Je heller die Farbe des Materials, desto besser erkennst du die Linien. Möchtest du die Form aus schwarzem Moosgummi ausschneiden, kannst du die Linien entweder mit einem besonders weichen Bleistift (7B bis 8B) oder mit einem weißen Buntstift nachziehen. Die Linien lassen sich übrigens mehrmals auf Moosgummi übertragen. Bis zu viermal, wenn du einen weichen Bleistift nimmst und den Druck mit dem Falzbein etwas verstärkst. Dann muß nachgezeichnet werden.

Teile ausschneiden

Nun kannst du die Teile mit dem Cutter ausschneiden. Bei engen Kurven stellst du den Cutter etwas steiler auf. Bei Gräsern, Haaren oder Sternen schneidet man immer vom Ansatz zur Spitze hin.

Teile zusammenlegen (ohne Kleber)

Bevor du mit der Klebearbeit beginnst, legst du das Motiv aus den ausgeschnittenen Teilen zusammen. So erkennst du, in welcher Reihenfolge die Einzelelemente anschließend zusammengeklebt werden. Meistens gibt es ein tragendes Element oder einen Rahmen, in dem eine Figur plaziert wird. Manchmal wird die Figur vorher zusammengesetzt und mit schmückenden Elementen verziert, bevor sie im oder am Rahmen befestigt wird (z.B. Jonas im Wal). In der Bastelanleitung habe ich die Abfolge jedoch immer genau aufgeschrieben.

Teile zusammenkleben

Dann bestreichst du die Teile Schritt für Schritt mit Bastelkleber oder Sekundenkleber und fügst dein Fensterbild zusammen. Verwende den Bastelkleber sparsam, du kannst ihn mit dem Finger gleichmäßig verstreichen und eine Minute antrocknen lassen, bevor du das Moosgummiteil anklebst. Auch Sekundenkleber wohldosiert verwenden, aber nie mit den Fingern verstreichen!
Die Motive in diesem Buch haben entweder zwei gleiche Seiten oder eine Vorder- und Rückseite, die durch paßgenaues Zusammensetzen enstehen. In einigen Fällen muß noch ein Teil hinzugefügt werden, um eine vollständige Rückseite zu erhalten (z.B. beim "Seeräubär"). Dies ist aber jeweils genau beschrieben.

Aufhängefaden anbringen

Das fertige Fensterbild sollte natürlich gerade, ohne zu kippen, im Fenster hängen. Das heißt, du mußt seinen Schwerpunkt ermitteln, indem du mit einer langen Nähnadel am oberen Rand etwa in die Mitte stichst und das Fensterbild frei hängen läßt. Kippt es nach links oder rechts, versetzt du das Nadelloch entsprechend in die entgegengesetzte Richtung – so lange, bis das Motiv gerade hängt. Nun ziehst du die Nadel mit Faden durch, verknotest den Faden, gibst ein Tröpfchen Bastelkleber auf die Einstichstelle, und du kannst dein gelungenes Werk aufhängen.

8

Bei so viel munterer Dschungel- Akrobatik könnte man fast neidisch werden – meinst du nicht auch?

Dschungel-Äffchen

Beim Ausschneiden der vielen Hände und Füße der Äffchen kann es schon vorkommen, daß du etwas durcheinandergerätst. Das kannst du vermeiden, indem du in diesem speziellen Fall die Äffchen nacheinander fertigstellst. Bevor du mit der Klebearbeit beginnst, zeichne erst die Augen der Affen mit wasserfestem Filzstift auf. Montiere dann das Schnäuzchen. Die gestrichelte Hilfslinie am Körper erleichtert dir die richtige Positionierung. Dann wird der Körper auf den Armstreifen geklebt. Auch hierfür findest du ein mit Hilfslinien markiertes Feld in der Anleitung. Während diese Teile trocknen, kümmerst du dich um die Beine. Zunächst befestigst du immer ein Beinteil zwischen zwei gleichen Fußteilen. Dann die Beine an den Körper kleben. Bei den Händen gehst du etwas anders vor: linke Hand von Äffchen A nur von oben auf den Arm kleben. Rechte Hand wie die Füße montieren (Arm dazwischen, oben und unten eine Hand). Hände von Äffchen B: linke Hand unter den Arm kleben. Zweig darauf befestigen. Zuletzt die Finger der linken Hand auf den Zweig kleben. Der Affe hält sich nun fest. Zu guter Letzt die rechte Hand unter den Arm kleben. Jetzt kannst du die Äffchen an den Händen zusammenkleben. Es fehlt nur noch die Liane, die das Fensterbild noch beschwingter macht. Hierfür schneidest du das Blatt ca. sieben- bis achtmal aus türkisem und grünem Moosgummi aus und befestigst die Blätter in beliebigen Abständen mit einem Klecks Bastelkleber an einem etwa 30 cm langen Faden. Du stichst dann mit einer Nähnadel ein Loch in den Zweig und knotest das Fadenende einfach fest. Nun nur noch

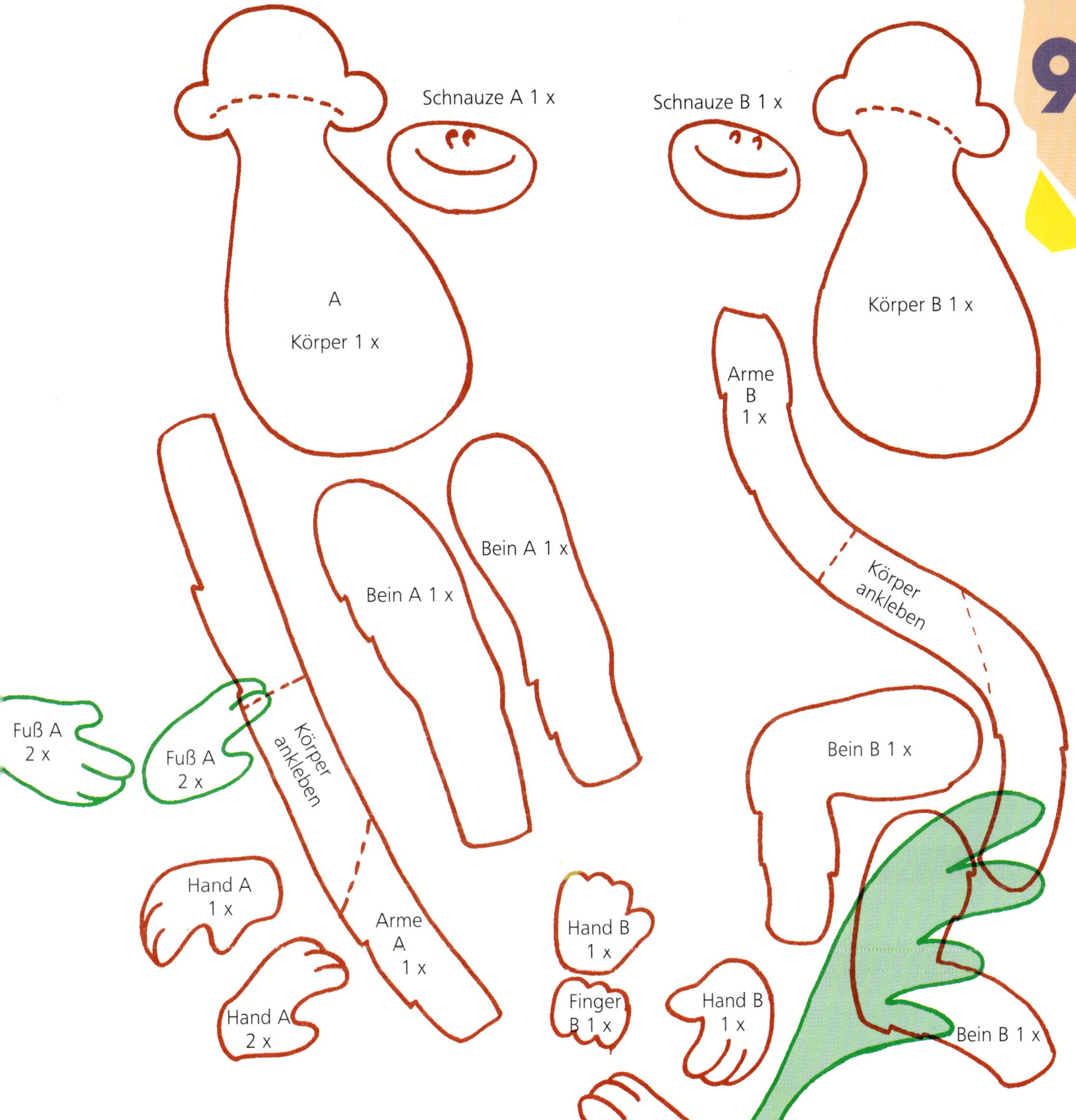

das Aufhängegarn anbringen und der fröhliche Turn-Spaß kann beginnen.

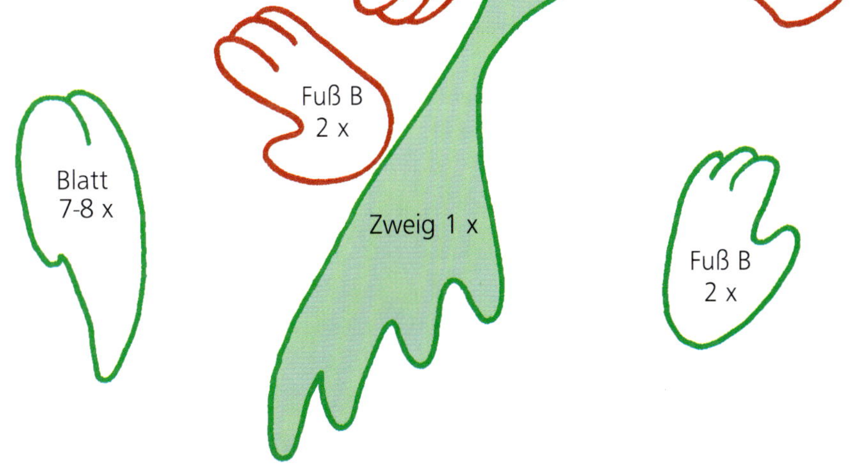

Material:

Moosgummi grau, grün, türkis (2mm), rosa (1 mm); Faden; schwarzer, wasserfester Filzstift; Bastelkleber

10

Kleiner Zauberer Wuh

Was in so einem Hut alles stecken kann... Zauberer muß man eben sein! Du kannst es auch.

Nachdem du alle Teile sorgfältig ausgeschnitten hast (für die Sterne und Bälle habe ich Fertigteile verwendet), beginnst du mit der Montage. Wir bauen dieses Mal das Fensterbild Schritt für Schritt von unten her auf. Also sind zuerst die Füße dran. Klebe sie am hinteren Rockteil fest. Die gestrichelte Linie in der Anleitung dient als Hilfe, wie weit du die Füße zwischen die Rockteile hineinschieben kannst. Nun die vordere Rockhälfte aufkleben. Während Füße und Rock trocknen, montierst du die Hände auf der hinteren Umhanghälfte. Auch hier gibt es eine Hilfslinie. Nun ist wieder der bereits zusammengesetzte Rock mit den Füßen dran. Klebe ihn auf die hintere Umhanghälfte, etwa 1/2 cm weit hinein. Anschließend klebst du die vordere Umhanghälfte auf. Du hast jetzt bereits den Körper fertiggestellt: so schnell ging das. Nun kommt Zauberers Köpfchen an die Reihe. Setze das Gesicht zwischen die beiden Huthälften. Bevor du jedoch die vordere Huthälfte aufklebst, solltest du unbedingt die Augen aufzeichnen. Halte dich an die Vorlage, dann kann nichts passieren. Das Innere der Augen kannst du mit weißem Decorlack ausfüllen, der Blick wird dann lustiger. Mit der zweiten Huthälfte vorne ist der Kopf komplett. Den Kopf befestigst du nun auf der vorderen Umhangseite. Achte darauf, daß er schön in der Mitte sitzt, er darf jedoch – wenn du willst – leicht geneigt sein. Klebe dann den Bart an, drehe die Arbeit um und montiere hinten die Haare. Wir nähern uns nun der Feinarbeit. Du nimmst ein Häschen und schneidest es unterhalb der Arme ab. Klebe es mit Sekundenkleber am schwarzen Zylinder fest – Schnittkante auf Schnittkante! Wieder ein Tropfen Sekundenkleber, und der Hut klebt an Zauberers Hand. Biege nun den Steckdraht gefühlvoll zum Halbkreis. Mit einer Nähnadel bohrst du ein Löchlein in die Handkante der rechten Hand. Den Steckdraht befestigst du nun mit etwas Kleber an der einen Seite in der Hand und an der anderen zwischen den Ohren des Hasen. Nach einer kurzen Trockenzeit werden die Punkte und Hasen in regelmäßigen Abständen am Draht angebracht. Du brauchst immer zwei Punkte einer Farbe und die Häschen doppelt. Bestreiche Hasen und Punkte mit Klebstoff und befestige sie hinter dem Draht. Dann die Punkte der gleichen Farbe und die zweiten Hasenhälften von oben dagegenkleben und festdrücken. Zum

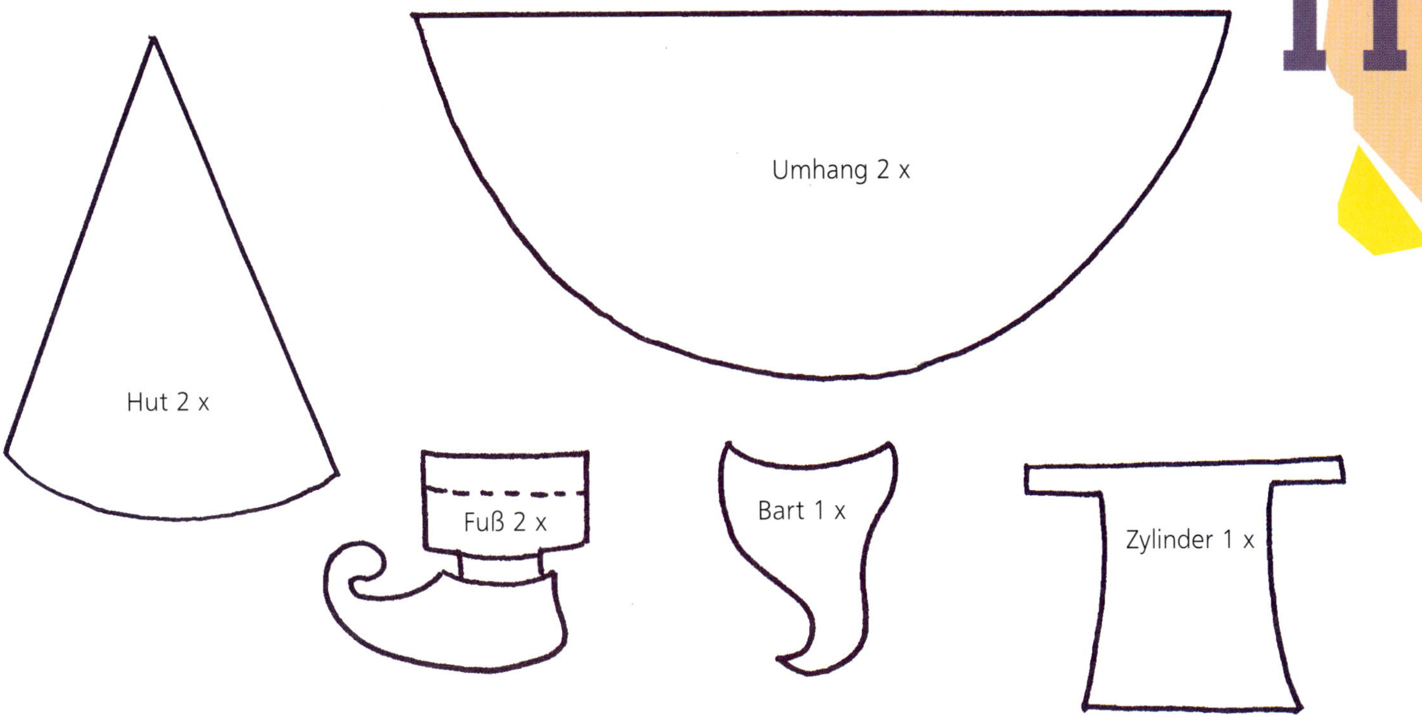

Abschluß die Gesichter der Mümmelmänner nicht vergessen. Wenn dein Werk getrocknet ist, kann der Zauberer Wuh im Fenster sein buntes Spiel treiben.

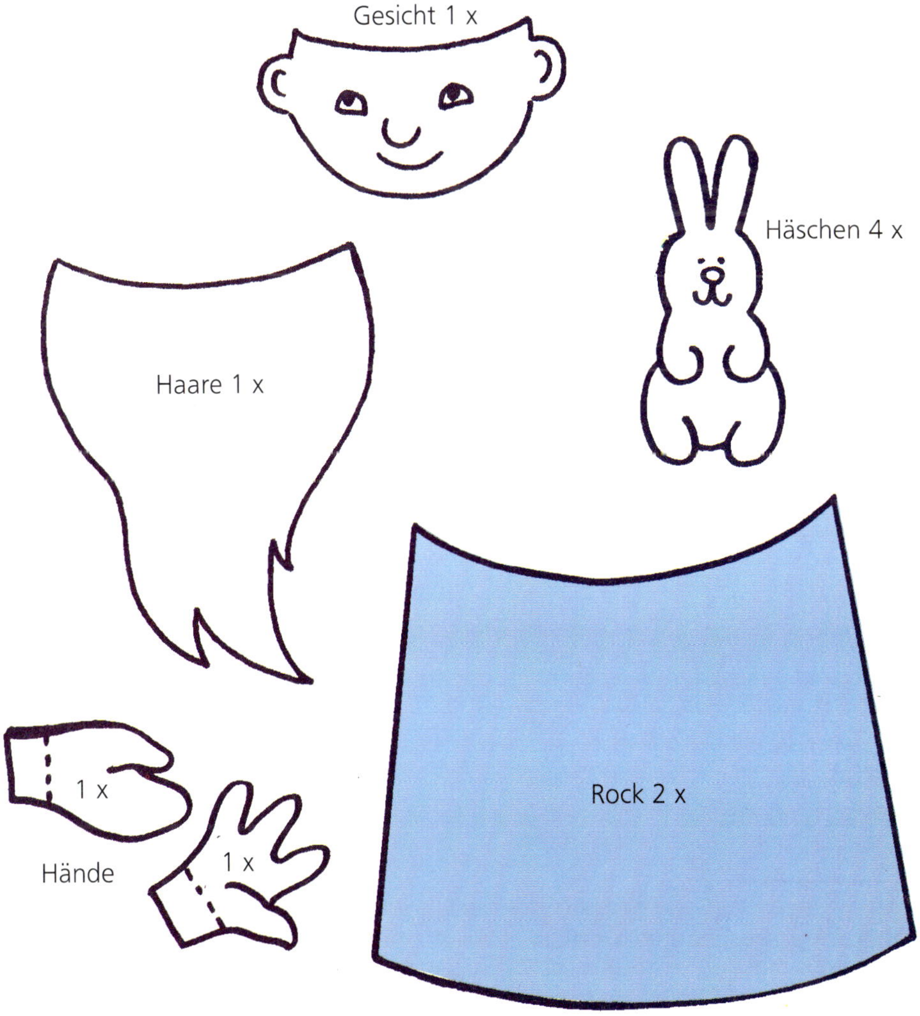

Tip

- für Fleißige: die Robe des Zauberers kann mit goldenem Decorlack verziert werden.
- für Ostern: Hasen aus buntem Moosgummi ausschneiden und Ostereier damit bekleben.

Material:

Moosgummi schwarz, rot, rosa (1mm), weiß, lila, gelb (2 mm); bunte Fertigteile: Scheiben (Durchmesser 2 cm), verschiedene Sterne; Decorlack von Marabu (weiß, gold), Steckdraht 0,8/280 mm, Bastelkleber, Sekundenkleber

Prunkei

sitzen. Du klebst zuerst eine Wiese von hinten gegen das ausgeschnittene Oval im Ei. Im Oval ist nun nur eine kleine, grüne Fläche zu sehen. Darauf montierst du nun das Schäfchen bzw. das Küken. Die zweite Wiese wird von oben dagegen geklebt. Anschließend klebt man die große Grasfläche im unteren, markierten Bereich mittelachsig auf. Darauf kommen die blaue Schleife oder – im anderen Entwurf – die kleinen Schleifchen. Wende deine Bastelarbeit und verfahre auf der Rückseite genauso. Jetzt brauchst du nur noch beidseitig die Fertigteile zu befestigen: am oberen Oval die Schleifen und unten, an der Grasfläche, jeweils drei Blumen. Gesichter und ein paar Verzierungen malen, Aufhängefaden anbringen – fertig.

Je größer ein Osterei, desto besser. In diesem hat sogar ein Osterlamm Platz…

Der spiegelbildliche Aufbau dieses Fensterbildes ist für das richtige Zusammenfügen und Ankleben der ausgeschnittenen Teile sehr hilfreich. Mit einem Lineal kannst du entlang der in der Vorlage angegebenen Mittelachse an denjenigen Stellen Bleistiftmarkierungen anzeichnen, die nach dem Zusammenkleben verdeckt sein werden. So findest du immer den Ansatzpunkt, damit alle Formen auch in der Mitte

Tip

Für eine andere Farbkombination – mit Küken – habe ich hier einen Vorschlag gemacht. Wenn du Schwierigkeiten beim Ausschneiden der Ornamente hast, male die Konturen einfach mit Goldlack aus.

Material:

Moosgummi rosa (mindestens 2 mm), grün, blau, weiß (2 mm); Fertigteile: kleine Schleifen und Blumen; Kleber, Faden

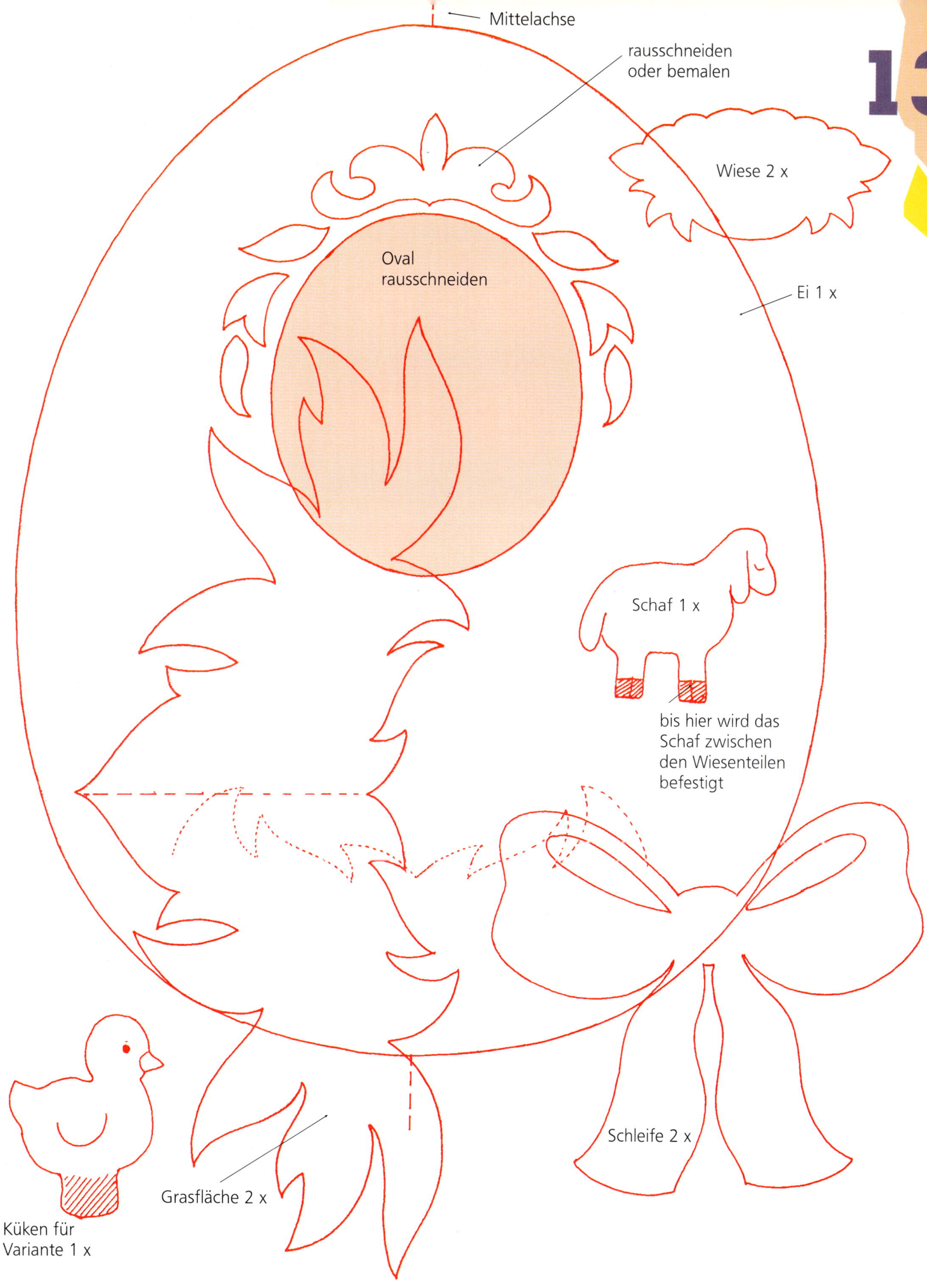
Mittelachse
rausschneiden
oder bemalen
Wiese 2 x
Oval
rausschneiden
Ei 1 x
Schaf 1 x
bis hier wird das
Schaf zwischen
den Wiesenteilen
befestigt
Schleife 2 x
Grasfläche 2 x
Küken für
Variante 1 x

Ganz zufrieden und glücklich sieht sie aus, diese Berta... Hoffentlich ist auch das Ei entsprechend.

Wenn du alle Teile sorgfältig ausgeschnitten hast, kannst du beginnen, die Henne zu basteln. Lege den weißen Hennenkörper in den gelben Kranz und zwar so, daß er am inneren Rand anstößt. Bestreiche den Hennenkörper bis zur Hilfslinie und den Kranz in der Breite des Körpers mit Klebstoff und klebe darauf das Nest. Fest andrücken, die Arbeit umdrehen und das zweite Nestteil auf der Rückseite ebenfalls aufkleben. Bevor der Kopf am Körper befestigt wird, muß er fertig zusammengeklebt werden. Du nimmst ein Kopfteil und klebst den Kehllappen von hinten dagegen. Bei dem zweiten Kopfteil klebst du den Kehllappen von oben darauf (jedesmal bis zur Hilfslinie). Dann werden beide Teile im oberen Bereich zusammengeklebt und bei diesem Arbeitsgang gleich der Kamm und der Schnabel dazwischengesetzt. Nach dem Trocknen biegst du den unteren Bereich des Kopfes leicht auseinander und bestreichst ihn innen beidseitig mit Klebstoff. Dann steckst du ihn auf den Körper. Orientiere dich dabei wieder an den Hilfslinen des Körpers. Jetzt fehlt nur noch das schmückende Blumensträußchen. Stelle aus Blüten und Blättern zwei gleiche Blumen- und Blattgebilde her und klebe sie von vorne und hinten gegen den Kranz. Eventuell setzt du noch einige frei zugeschnittene Gräser dazwischen. Abschliessend malst du das dunkelgelbe Flechtwerk des Kranzes und kleinere Verzierungen auf und befestigst einen Aufhängefaden.

Die Henne Berta

Material:

Moosgummi gelb, dunkelgrün, hellgrün, beige, weiß, lila (2 mm), rot, gelb (1 mm); Decorlack dunkelgelb, Bastelkleber, Aufhängefaden

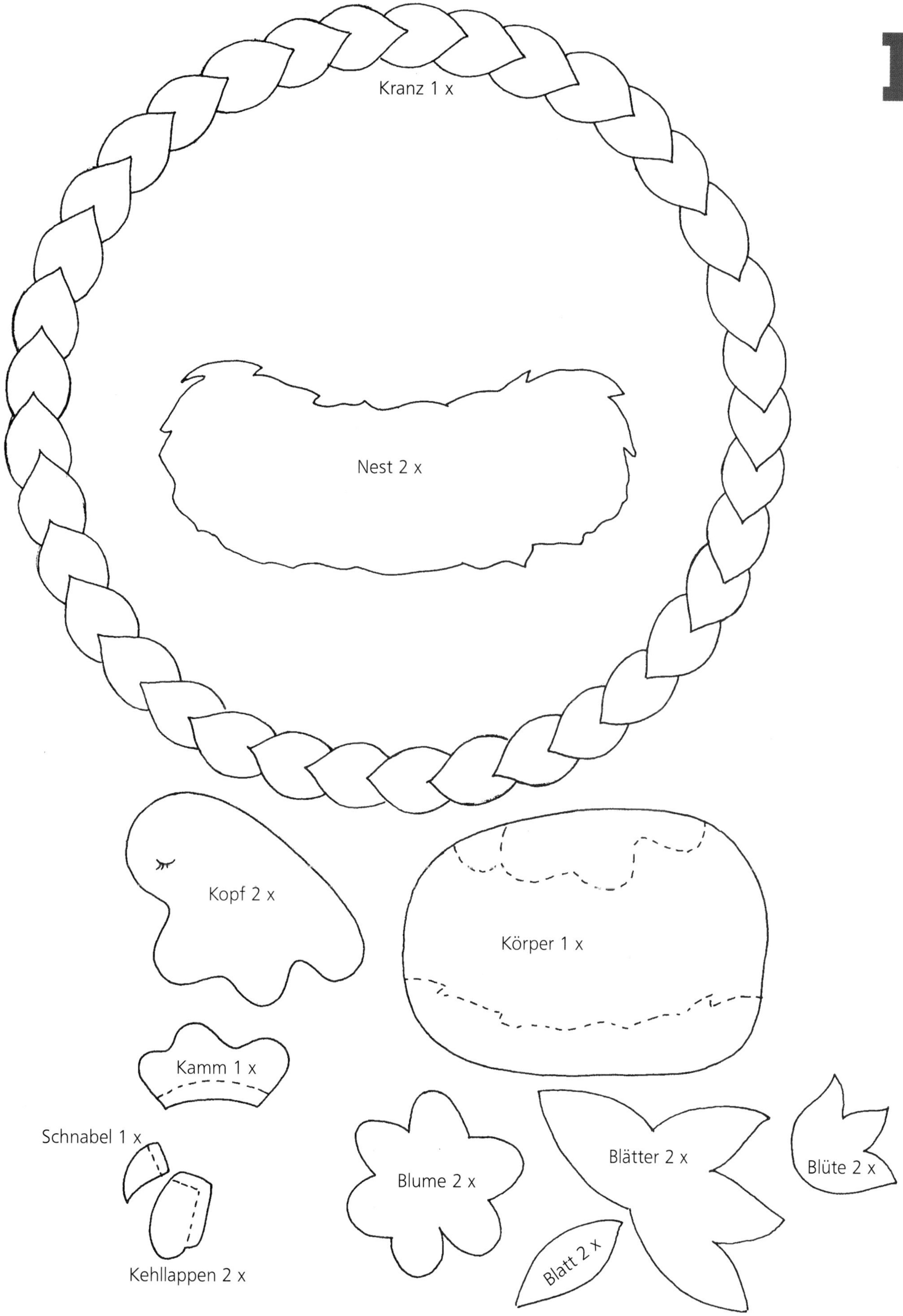
Kranz 1 x
Nest 2 x
Kopf 2 x
Körper 1 x
Kamm 1 x
Schnabel 1 x
Kehllappen 2 x
Blume 2 x
Blätter 2 x
Blüte 2 x
Blatt 2 x

Schmetterlingsjagd

Auch Kühe brauchen ihren Spaß... Warum es nicht einmal mit Schmetterlingsjagd versuchen?

Zuerst alle Teile ausschneiden und alle angegebenen Linien für die Kuh (Euter, Flecken, Schnauze, Haare) mit abpausen. So hast du nachher beim Montieren der Kleinteile eine präzise Plazierungshilfe. Dann werden alle Kleinteile (Euter, Haare usw.) vorne auf der Kuh festgeklebt. Trocknen lassen und die Rückseite ebenso fertigstellen. Jetzt kannst du die Bleistiftlinien für die Augen, Nasenlöcher, Ohren und Arme mit schwarzem Filzstift nachziehen. Anschließend klebst du das Schmetterlingsnetz, auf dem du schon die Netzlinien aufgezeichnet hast, mit einem Tropfen Sekundenkleber an der Hand fest. Den Winkel kannst du selbst bestimmen. Die Schmetterlinge sind recht schnell gebastelt. Je zweimal ausschneiden und aufeinanderkleben. Befestige zwischen einem Schmetterling gleich einen Faden und hänge ihn an die Wolke. Den anderen Schmetterling klebst du auf die darauf. Orientiere dich dabei an der farbigen Abbildung. Nun kommt der vorletzte Schritt: du hängst die Kuh mit einem Faden an die Wolke. Suche bei der Wolke nun ungefähr den Schwerpunkt, so daß sie in der Waagrechten schwebt und befestige alles an einem Aufhängefaden.

Material:

Moosgummi dunkelblau, weiß, buntgestreift, türkis (2 mm), rosa, schwarz (1 mm); Bastelkleber, Faden, Sekundenkleber; wasserfester, schwarzer Filzstift

Netz 1 x
Wolke 1 x
Schmetterling 4 x
1 x
Haare 2 x
Schnauze 2 x
2 x
Fleckchen
2 x
2 x
Euter 2 x

Sandmännchen

Das Sandmännchen mit einem großen Sack für die Nacht voller zauberhafter Träume...

Bei diesem zweiteiligen Fensterbild beginnst du damit, die Wolke zusammenzukleben. Die kleine auf der großen Wolke (Hilfslinie) befestigen und dann den Mond anfügen. Er paßt genau, wenn du sorgfältig geschnitten hast. Für den Stern wählst du einen beliebigen Platz. Nun zum Sandmännchen. Als erstes kommt der Bart zwischen die beiden Hutteile. Dann das Gesicht direkt unter dem Hutrand auf den Bart setzen. Du hast jetzt bereits den Kopf fertiggestellt. Mit Gefühl plazierst du ihn nun auf dem Kleid. Das geht einfacher, wenn du die Arbeit gegen das Licht hältst – auf diese Weise kannst du erkennen, wo sich Kinnlinie und Halsausschnitt berühren. Trage den Kleber nur im unteren Bartbereich auf, dann festkleben. Jetzt die Hände. Klebe den Schirmgriff auf die rechte Handfläche (Sekundenkleber). Dann die Finger um den Griff biegen und mit etwas Sekundenkleber fixieren. Die Hand umschließt nun den Schirm. Mit der linken Hand und dem Sandsack verfährst du genauso. Nun klebst du die Hände an die Arme (Kante auf Kante). Sandsack zusätzlich am Kleid, Schirm am Hut festkleben. Dann die Beine anfügen (Kante auf Kante). Jetzt malst du dem Sandmännchen noch ein hübsches Gesicht und vielleicht auch noch Sterne auf sein Kleid und hängst es an die Wolke.

Tip

Du kannst dieses Fensterbild auch über Dein Bett hängen dann hilft Dir das Sandmännchen beim einschlafen.

Material:

Für die Wolke: Moosgummi blau (3 mm), außerdem Moosgummi gelb, weiß, rosa, lila, lachsrosa, hellblau, türkis (1 bis 2 mm); Sekundenkleber, Bastelkleber, Decorlack, Faden

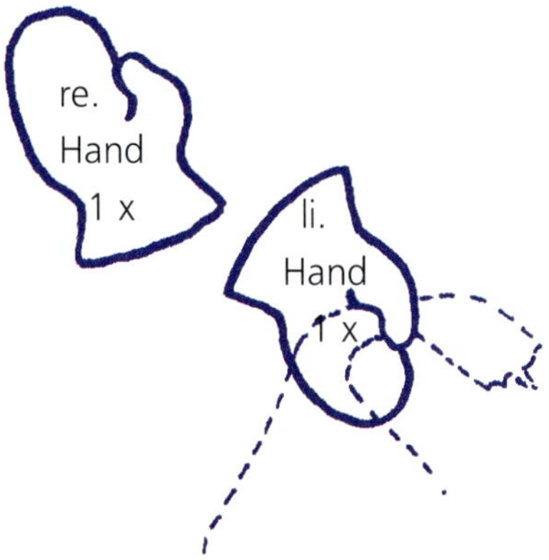

Schirm 1 x
Stern 1 x
kleine Wolke 1 x
Hut 2 x
große Wolke 1 x
Bart 1 x
Sandsack 1 x
re. Fuß 1 x
li. Fuß 1 x
Kleid 1 x

22

Geschenkeschlitten

Ein Schlitten mit Geschenken wie man es sich so vorstellt. Sogar ein Engel ist dabei…

Bei diesem Fensterbild werden einige Teile Schnittkante auf Schnittkante verklebt. Du brauchst deshalb Sekundenkleber und solltest dir dabei ein wenig von älteren Geschwistern oder Eltern helfen lassen. Füge als erstes den Baum am Schlitten an. Schnittkante auf Schnittkante. Das geht ganz einfach, weil die Schnittkanten ja völlig gerade sind. Du kannst sie mit dem Cutter am Lineal entlang ziehen. Dann befestigst du die blaue Kiste (Kante auf Kante) auf der verbliebenen Fläche hinter dem Baum. Darauf stellst du nun den Engel, an dem du schon beide Arme mit Bastelkleber angeklebt hast. Der Engel sollte den

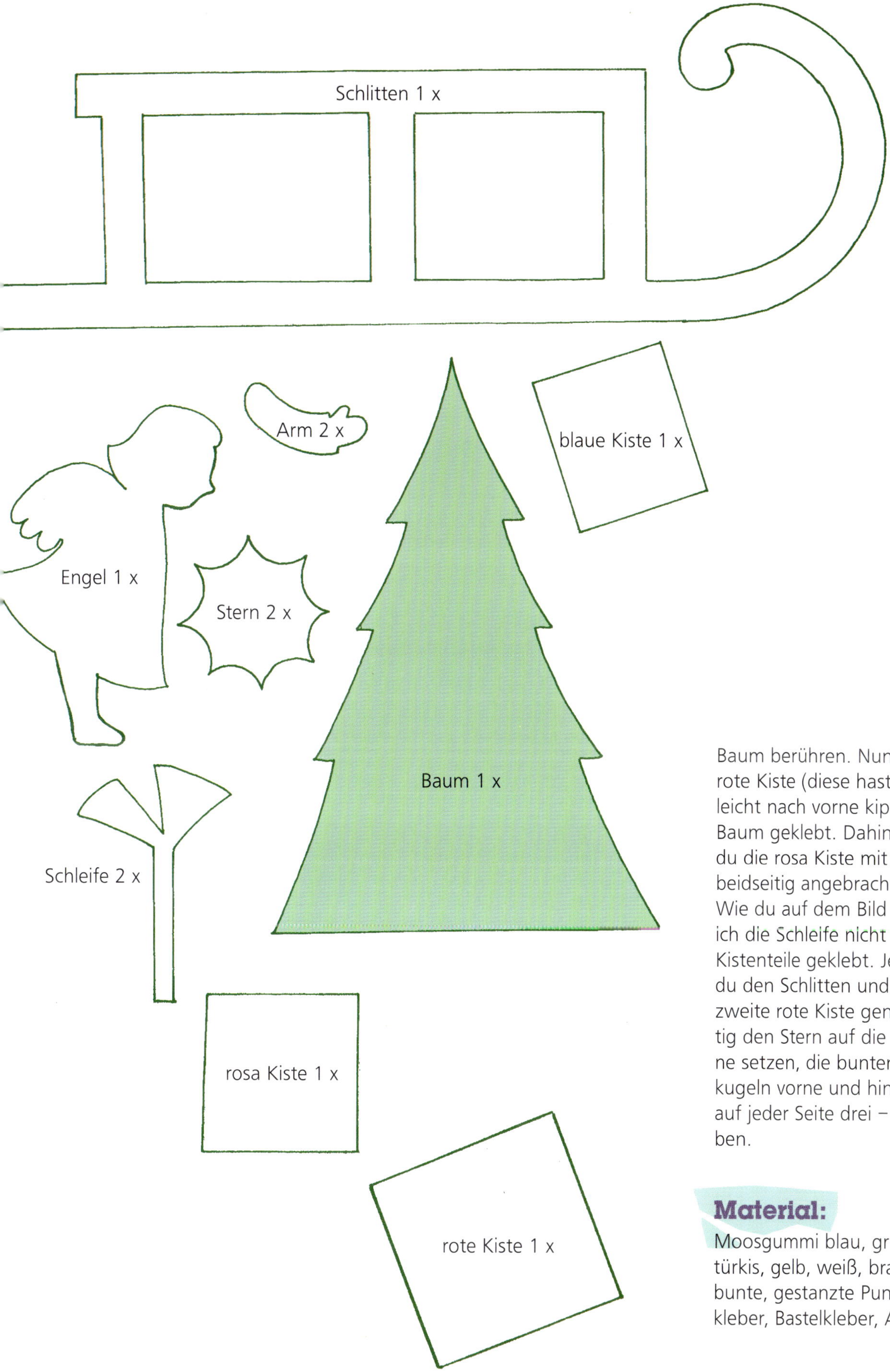

Baum berühren. Nun wird die erste rote Kiste (diese hast du doppelt) leicht nach vorne kippend auf den Baum geklebt. Dahinter befestigst du die rosa Kiste mit der bereits beidseitig angebrachten Schleife. Wie du auf dem Bild erkennst, habe ich die Schleife nicht zwischen die Kistenteile geklebt. Jetzt wendest du den Schlitten und klebst die zweite rote Kiste genau auf. Beidseitig den Stern auf die Spitze der Tanne setzen, die bunten Christbaumkugeln vorne und hinten verteilen – auf jeder Seite drei – und festkleben.

Material:

Moosgummi blau, grün, rot, rosa, türkis, gelb, weiß, braun (2 mm); bunte, gestanzte Punkte; Sekundenkleber, Bastelkleber, Aufhängefaden

Häschen Zupfschwanz

So einem frechen Osterhasen möchte doch jeder einmal begegnen. Mit deinem Fensterbild wird's möglich.

Beim Zusammensetzen des Häschens beginnst du mit dem Kopf. Klebe die rosa Ohrflächen fest, ebenso die weiße Schnauze, das Näschen und die Augen. (Du kannst für die Augen entweder fertige Bastelaugen verwenden oder du schneidest sie aus und bemalst sie wie in der Anleitung.) Setze dann die weiße Bauchfläche auf die Figur. Anschließend klebst du den einzelnen Fuß, an dem du schon die Zehenballen befestigt hast, an. Nun bekommt der Hase seine Arme. Klebe sie nur am Ellenbogen fest, die Handflächen bleiben lose. Während die Arbeit trocknet, verzierst du das blaue Ei beidseitig mit Fertigpunkten und ausgestanzten (Lochzange), bunten Punkten. Nun gibst du unserem Zupfschwanz seinen Zweig in die Arme – die Rückseite des Zweiges hast du im mittleren Bereich mit Klebstoff bestrichen. Drehe den Hasen um und befestige das Schwänzchen. Nun hängst du noch die Ostereier an den Zweig und bringst am Kopf einen Aufhängefaden an. Zur Stabilisierung des Zweiges kannst du ein Stück Steckdraht an der Rückseite mit Sekundenkleber befestigen.

Tip

Ganz besonders hübsch sieht es aus, wenn du den Hasen auf Din A3 vergrößerst (nimm dann eine doppelte Lage Moosgummi beim Basteln) und einen echten Weidenkätzchenzweig befestigst.

Material:

Moosgummi braun, weiß, rosa, dunkelgrün, rot, hellblau (2 mm); bunte Punkte; Bastelkleber, Sekundenkleber, Steckdraht, Aufhängefaden

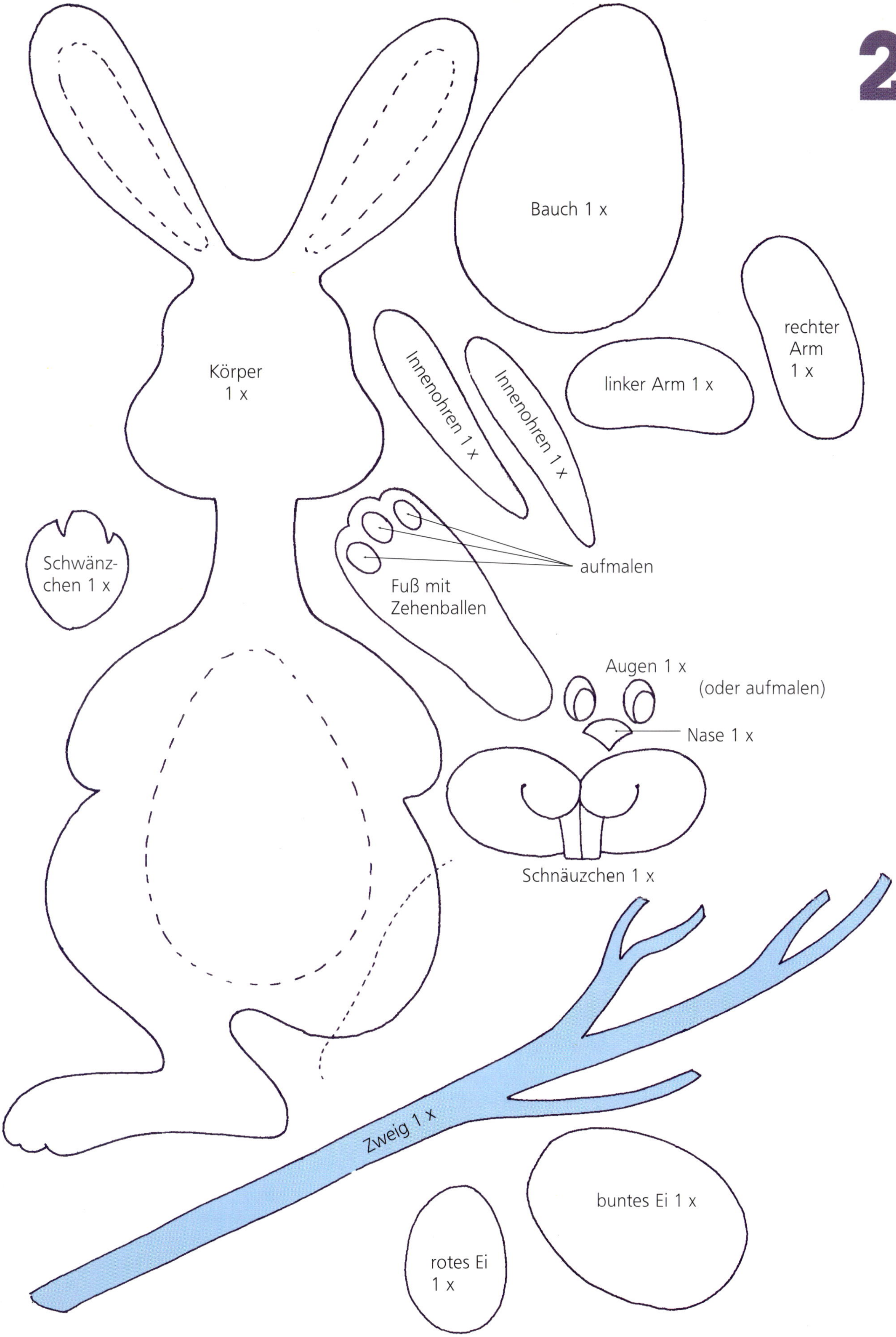
Bauch 1 x
rechter Arm 1 x
linker Arm 1 x
Körper 1 x
Innenohren 1 x
Innenohren 1 x
Schwänzchen 1 x
aufmalen
Fuß mit Zehenballen
Augen 1 x
(oder aufmalen)
Nase 1 x
Schnäuzchen 1 x
Zweig 1 x
buntes Ei 1 x
rotes Ei 1 x

26

Fleißiges Bienchen

Eine Biene bei der Arbeit...
Ob ihr Eimer wohl schon gefüllt ist?

Für dieses zweiteilige Fensterbild (Biene, Blume) stellst du zuerst die Biene fertig. Klebe ihre braunen Haare beidseitig am Kopf fest. Als nächstes bringst du die schwarzen Streifen vorne und hinten auf dem Körper an. Willst du es einfacher machen, kannst du die Streifen auch mit Decorlack aufmalen. Dann klebst du die Flügel an. Es sieht hübscher aus, wenn du sie leicht versetzt anordnest. Jetzt werden die Beine und Arme montiert, die Handflächen jedoch noch nicht zusammengeklebt. Füge die beiden Eimerhälften zusammen, dazwischen legst du als Henkel einen etwa 4 cm langen Faden, den du gleich mit festklebst. Den Henkelfaden gibst du dem Bienchen zwischen die Handflächen – und nun mit einem Tropfen Sekundenkleber zusammenpressen. Male der Biene nun noch ein hübsches Gesicht, mit der Vorlage gelingt es dir sicher. Nun wird die Blume gebastelt. Klebe Blatt an Blatt auf einem der beiden Ringe fest. So bleibt automatisch nach dem 11. Blatt eine Lücke übrig, in die du den Stengel mit den Blättern einfügen kannst. Danach klebst du den zweiten Ring von oben dagegen. Bevor das geschieht, kannst du gleich einen Aufhängefaden für die Biene anbringen, den du gegenüber des Stengels zwischen Blütenblättern und Ring einklebst. Unser Bienchen kann es nun kaum erwarten. Nach einer kurzen Trockenzeit hängst du es an den Faden, die Blume bekommt ebenfalls einen Aufhängefaden.

Material:

Moosgummi lachsrosa (2 bis 3 mm), orange, grün, gelb, blau, braun (2 mm), weiß (1 mm); Decorlack schwarz, blau, weiß, orange; Sekundenkleber, Bastelkleber, Faden

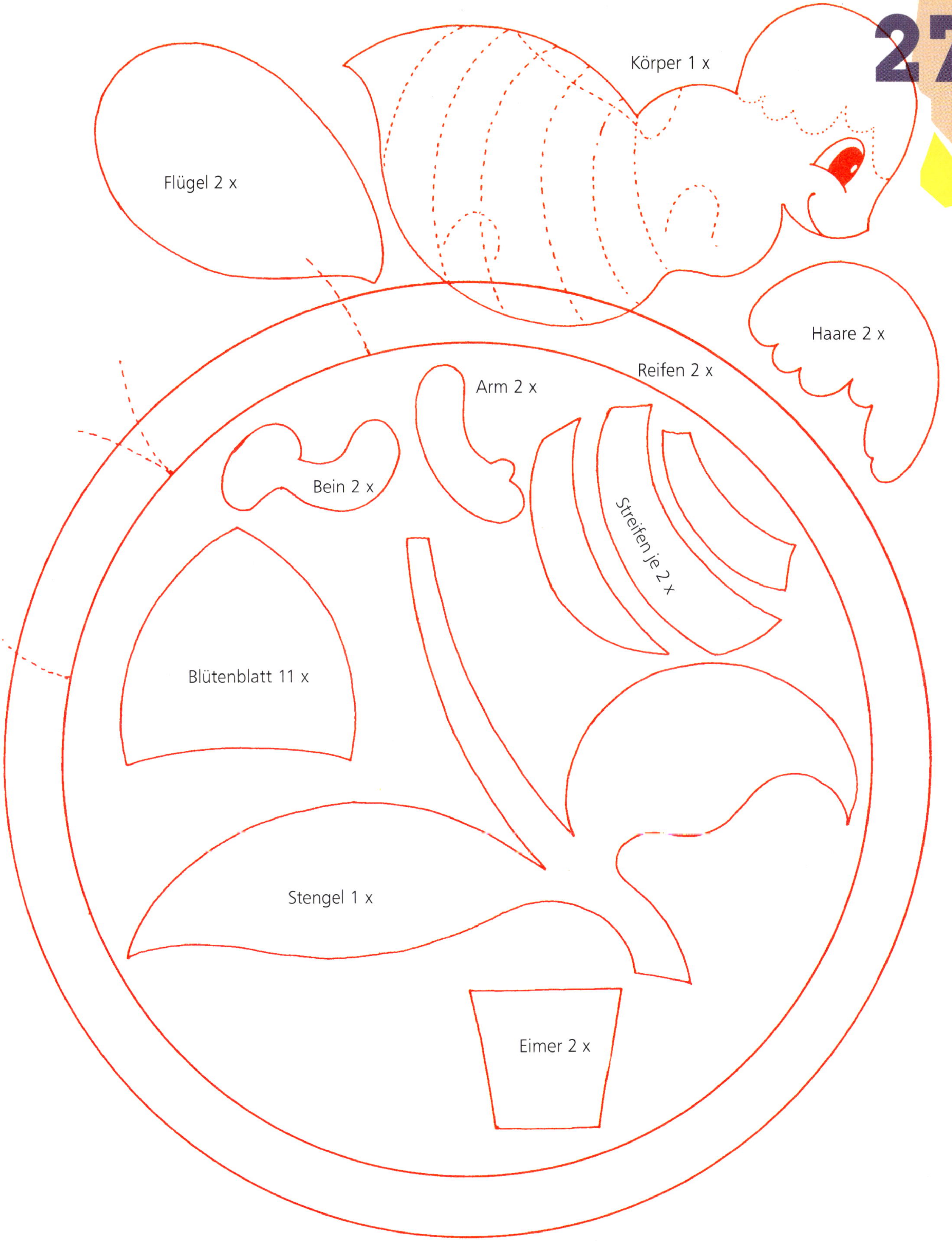
Körper 1 x
Flügel 2 x
Haare 2 x
Reifen 2 x
Arm 2 x
Bein 2 x
Streifen je 2 x
Blütenblatt 11 x
Stengel 1 x
Eimer 2 x

Meer-jungfrau Julia

Eine elegante Meerjungfrau mit Fischen im Haar und Seepferdchen als Begleitung – wie es sich für eine richtige Dame gehört...

Du schneidest den Körper der Meerjungfrau einmal ganz aus. Ihren Anzug, die Haare samt Fischchen brauchen wir zweimal, damit sie auf beiden Seiten gleich aussieht. Die Seepferdchen benötigen wir je einmal. Klebe den Anzug der Meerjungfrau vorne und hinten auf. Mit den Haaren verfährst du genauso; befestige jedoch bei diesem Arbeitsschritt gleich einen Aufhängefaden zwischen Haaren und Kopf.
Nun kannst du Julias Ausstattung mit Fisch-Haarspange und Sternchentaschen den letzten Schliff geben. Sie braucht dann nur noch ihr Gesicht und ist perfekt. Zum Schluß hängst du die Seepferdchen mit Nadel und Faden an die Meerjungfrau. Befestige an der einen Seite ein großes und ein kleines Seepferdchen untereinander. An die Flosse hängst du das verbliebene große Seepferdchen. Vergiß nicht die Seepferdchengesichter.

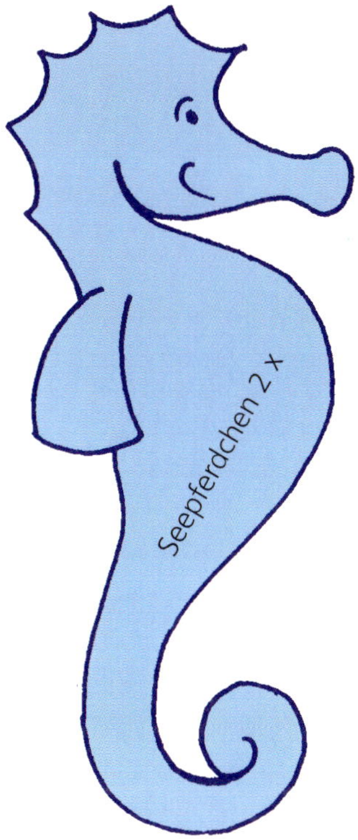

Tip

Aus der Form des kleinen Seepterdchens kannst du auch eine lustige Brosche herstellen. Du benötigst dazu nur noch ein Straßsteinchen für das Auge, eine Broschennadel (Bastelgeschäft) und Sekundenkleber.

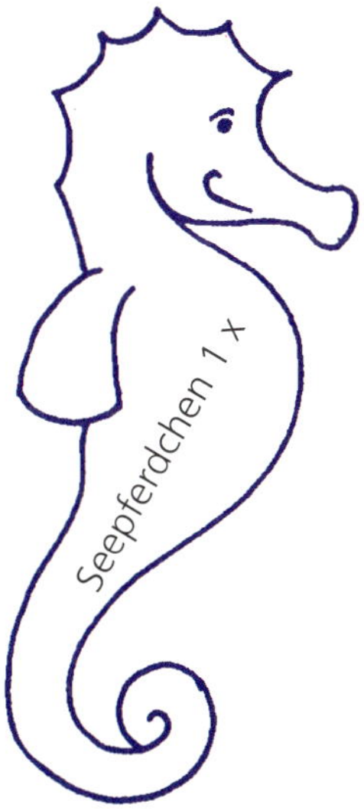

Material:

Moosgummi lachsrosa, lila, gelb, grün, türkis, rot, blau (2 mm); vier vorgestanzte Sterne z.B. grün, rot; Aufhängefaden, Bastelkleber, schwarzer Filzstift

Walpurgisnacht

Mondnacht auf dem Blocksberg und die Hexen tanzen… bei dieser Hexe scheint es sich um ein freundliches Exemplar zu handeln.

Zuerst klebst du den schwarzen Bogen unten zwischen die lila Berge und oben zwischen die beiden Mondteile. Mit der schwarzen Stütze machst du es rechts genauso. Es ist ein geschlossener Rahmen entstanden. Jetzt kommt die Hexe an die Reihe. Du klebst das Gesicht auf die Haare und darüber den Hut. Dann brauchst du die Arme. Klebe erst die Hände auf die Arme. Achte darauf, daß du seitenrichtig arbeitest, damit die Hände tatsächlich außen liegen. Dann klebst du die Arme auf den Körper. Zuerst den vorderen, dann den hinteren, gegengleich. Arme nur im Schulterbereich festkleben, der Rest bleibt lose. Anschließend klebst du den Körper unterhalb des Gesichts an die Haare. Klebe den Besen auf dem Körper fest, im oberen Bereich zwischen den Händen befestigen. Male dann das Hexengesicht mit Decorlack auf. Wenn du möchtest, schmückst du Hut und Kleid der Hexe mit Band und Flicken. Nun plazierst du die Figur im Rahmen. Damit sie nicht kippen kann, klebe sie an drei Punkten fest: Hut am Mond, Besen links und rechts am Rahmen. Wähle für die Eule ein geeignetes Plätzchen am Mond und befestige sie auf beiden Seiten. Die Augen der Eule sind ausgestanzte Punkte, die anschließend bemalt werden, der Schnabel ist aus Resten zugeschnitten.

Material:

Moosgummi in den Farben lachsrosa, schwarz, grün, rot, grau, orange, lila, weiß (2 mm); gelbe Reste für die Eulenaugen; Bastelkleber, Faden, Decorlack weiß, blau, schwarz, rosa

31

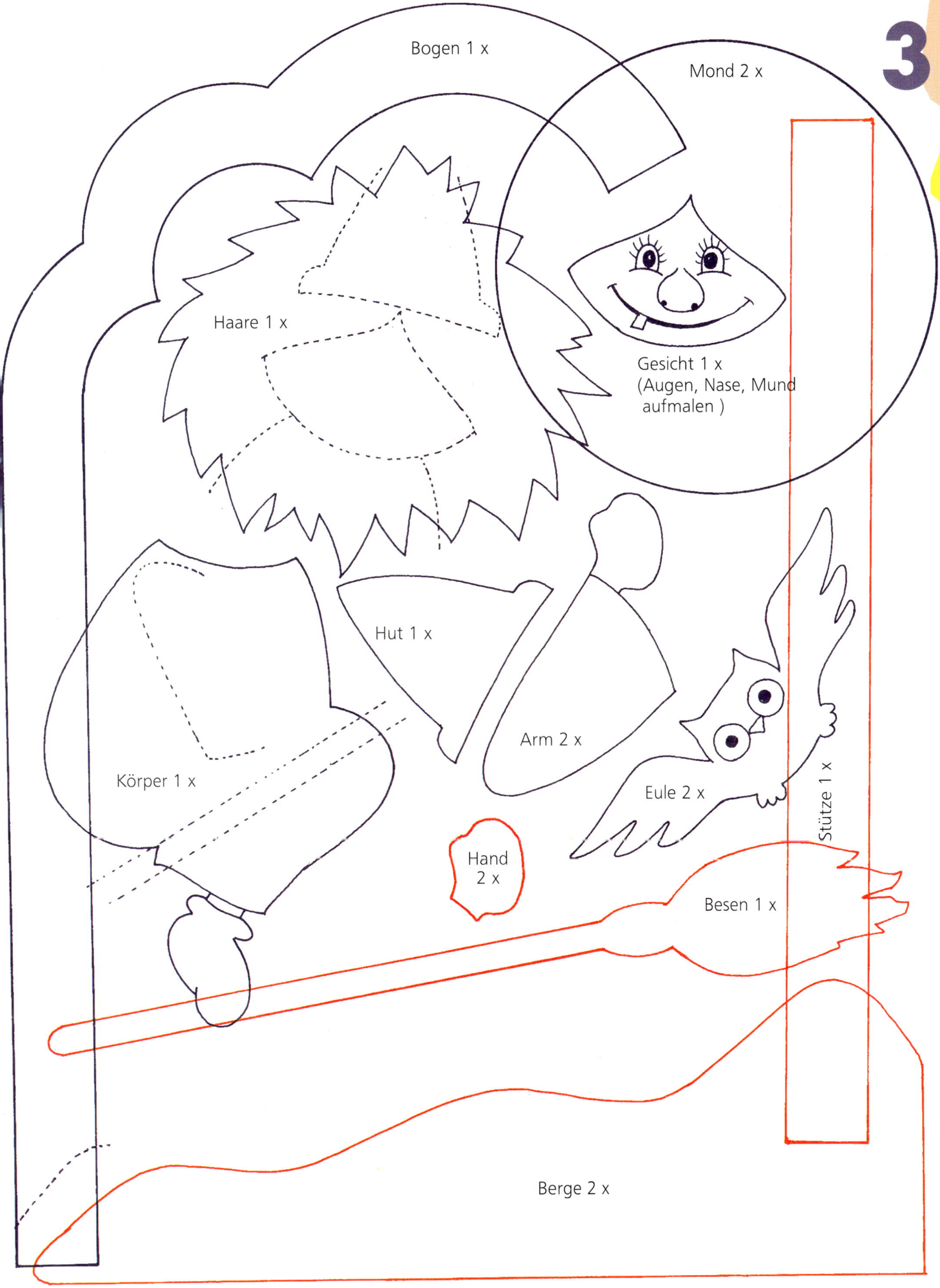
Bogen 1 x
Mond 2 x
Haare 1 x
Gesicht 1 x
(Augen, Nase, Mund
aufmalen)
Hut 1 x
Arm 2 x
Körper 1 x
Eule 2 x
Stütze 1 x
Hand
2 x
Besen 1 x
Berge 2 x

32

Suleika aus dem Orient

Die schöne Suleika mit ihren Tauben und wallendem Haar macht aus deinem Zimmer ein Märchen aus "1001 Nacht".

Bei diesem Fensterbild baust du zunächst das Mädchen zusammen und setzt es dann in den Rahmen. Als erstes wird der Oberkörper auf dem rechten Hosenteil befestigt. Trocknen lassen, dann das linke Hosenteil aufkleben. Die Figur hat nun schon ihre sitzende Position. Fußrücken auf beide Füße kleben. Dann ziehst du der Schönen ihre Weste an und klebst sie mit dem Oberkörper auf die Haarfläche (Rückseite des Oberkörpers mit Klebstoff einstreichen). Nun benötigst du noch den Rahmen. Klebe den unteren Teil des Fensters zwischen die beiden oberen roten Hälften. Wenn das Fenster getrocknet ist, kannst du Suleika hineinsetzen. Befestige sie dabei an drei Punkten: an den Rückseiten der Hände sowie mit der Hose am unteren Teil des Fensters. Klebe dann das sitzende Täubchen beidseitig am roten Rahmen fest. Das fliegende Täubchen plazierst du nach Belieben. Nun die Feinarbeit: du verzierst mit Goldlack die Hose, malst die Gesichter und vergoldest den Mond. Mit einem Aufhängefaden ist das Fensterbild komplett.

Material:

Moosgummi rot, blau, gelb, grün (2 mm), lachsrosa, weiß (1mm); Goldlack von Marabu, Faden, Kleber

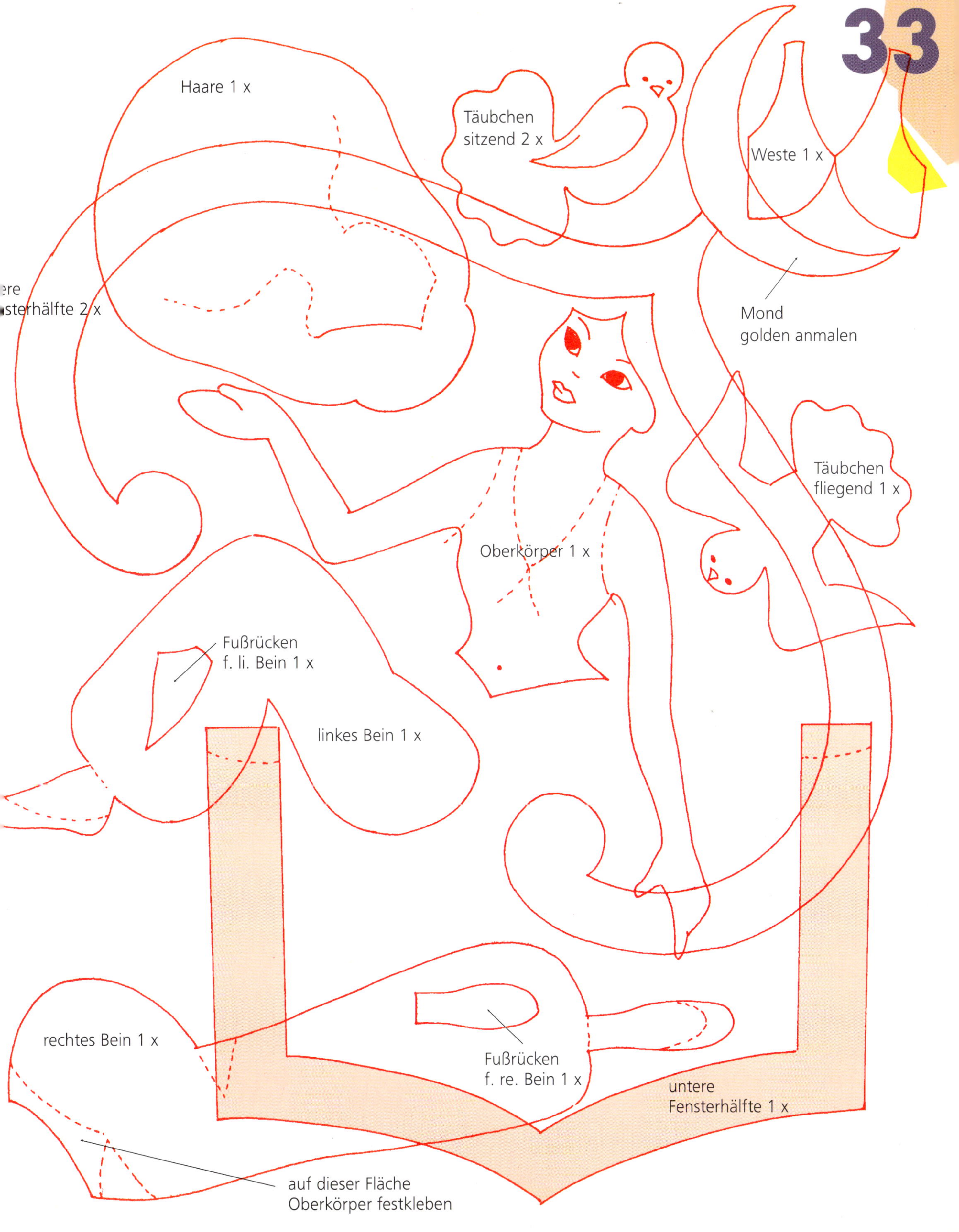
Haare 1 x
Täubchen
sitzend 2 x
Weste 1 x
ere
sterhälfte 2 x
Mond
golden anmalen
Täubchen
fliegend 1 x
Oberkörper 1 x
Fußrücken
f. li. Bein 1 x
linkes Bein 1 x
rechtes Bein 1 x
Fußrücken
f. re. Bein 1 x
untere
Fensterhälfte 1 x
auf dieser Fläche
Oberkörper festkleben

34

Pegasus

Das geflügelte Pferd der Griechen findest du als Sternbild am Himmel. Viele Dichter haben es zu ihrem Symbol gemacht.

Für dieses Fensterbild solltest du vor der Montage die Pferde mit Goldlack bemalen. Nach dem Trocknen klebst du beide vorne und hinten am Reifen zu einem Pferd zusammen. Anschließend die Kanten des Pferdes mit Lack nachmalen. Setze dann die Flügel an beiden Seiten des Pferdes an. Zum Schluß klebst du die Sonne an eine beliebige Stelle. Die beiden Sonnenteile werden etwas versetzt am Reifen befestigt. Dann bringst du einen Faden an und hängst dein Werk ins Fenster.

Material:

Moosgummi schwarz (2 mm), weiß, rot, orange (1 bis 2 mm), für das Pferd Moosgummi in beliebiger Farbe; Decorlack gold, Kleber, Faden

Ring 1 x
Flügel 2 x
Sonne 2 x
Pferd 2 x

oranger Hund 2 x
Ohr 2 x
gelber Hund 2 x
Ohr 2 x
Ohr 2 x
blauer Hund 2 x
roter Hund 2 x

Fröhliche Hundeleine

(Fenstergirlande)

Ob zottelig oder glatt, dick oder dünn, Promenadenmischung oder Rassehund – Hauptsache bunt gemischt, und der Zug setzt sich in Bewegung!

Die Montage dieser fröhlichen Hundeleine ist denkbar einfach: Du bestreichst jeweils einen der zweimal ausgeschnittenen Hunde mit Bastelkleber und legst sie den Regenbogenfarben nach in einer Reihe hintereinander. Dann klebst du einen langen Faden darauf fest. Der Faden sollte in der oberen Hälfte verlaufen – sonst besteht beim Aufhängen später die Gefahr, daß die Hunde kippen. Dann die dazugehörenden Hunde darauf kleben. Du läßt die Girlande trocknen, klebst beidseitig die Schlappohren an, malst die Augen auf... fertig!

Material:

Moosgummi in den Regenbogenfarben blau, grün, gelb, orange, rot, lila (1 bis 2 mm); Bastelkleber, Faden

Gut verständlich, daß die beiden unzertrennlich sind: So hübsch und einander so ähnlich...

Die Vogelhochzeit

Zuerst bastelst du die "Braut". Klebe die Flügel am Körper an und beidseitig den Schnabel. Dann befestigst du den Vogelkörper an der Hilfslinie auf dem großen Schleierteil.Das kleine Schleierteil klebst du auf den Kopf, darauf kommt die Blume. Nun zum Bräutigam. Klebe seinen Bauch zwischen die beiden Rückenteile. Achtung: Schwanzfe-

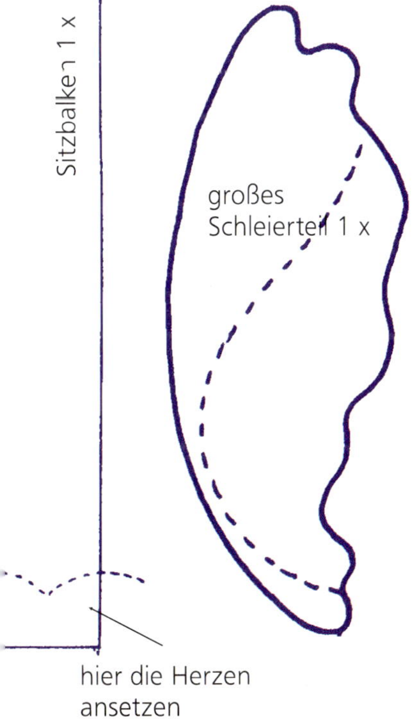

dern noch nicht zusammenkleben! Füge dann beidseitig Schnabel, Zylinder und Fliege an. Jetzt werden die Vögel auf ihre Stange gesetzt. Zuerst den Balken auf die Schwanzfedern der Braut kleben, anschliessend die Füße zur Hälfte auf dem Balken, zur anderen Hälfte auf ihrem Bauch festkleben (Sekundenkleber). Beim Bräutigam ist es anders: Biege die Schwanzfedern auseinander, bestreiche sie innen mit Kleber und klemme den Vogel auf den Balken. Die Füße werden auf der Vorder- und Rückseite angebracht und an Balken und Bauch festgeklebt.

Dann schmückst du die Balkenenden jeweils mit zwei Herzen. Du kannst auch der Braut noch ein Herz in die Hand geben. Male die Augen auf und befestige einen Aufhängefaden.

Material:

Moosgummi schwarz, hellbraun, beige, blau, gelb, rosa, weiß (1 bis 2 mm, für den Sitzbalken doppelt nehmen); Fertigteile (vier große Herzen, ein kleines Herz, ein Blümchen); Decorlack blau, schwarz, weiß; Sekundenkleber, Bastelkleber, Faden

Eine Stadt, wie du sie vielleicht an besonders schönen Sommertagen vor deinem Fenster siehst: mit Häusern und Autos, viel Grün und bunten Luftballons…

Meine kleine Stadt

Zuerst schneidest du den hellblauen Rahmen aus. Dann nimmst du Fertigteile (Quadrate und Rechtecke) und schneidest nach Belieben Fenster und Türen hinein. Dächer mit Sekundenkleber an die Häuschen kleben (Kante auf Kante), liegend trocknen lassen und anschließend auf der oberen und unteren Sprosse im Rahmen verteilen und festkleben. Räder (Fertigteile) an die Autos kleben, dann die Autos auf der mittleren Sprosse befestigen. Die Büsche schneidest du beliebig oft aus und montierst sie vor und hinter den Häuschen. Du nimmst dann zwei bis drei Palmen, schneidest den Topf etwas zurück und befestigst auch sie auf dem Fensterbild. Zu guter Letzt verteilst du drei bis fünf Luftballons auf beiden Seiten der Wolke. Aufhängefaden anbringen, und schon ist eine fröhliche Stadt entstanden.

Material:

Moosgummi hellblau, weiß, gelb; Fertigteile (Quadrate, Rechtecke, Punkte, Dreiecke, Palmen und Luftballons); Sekundenkleber, Faden

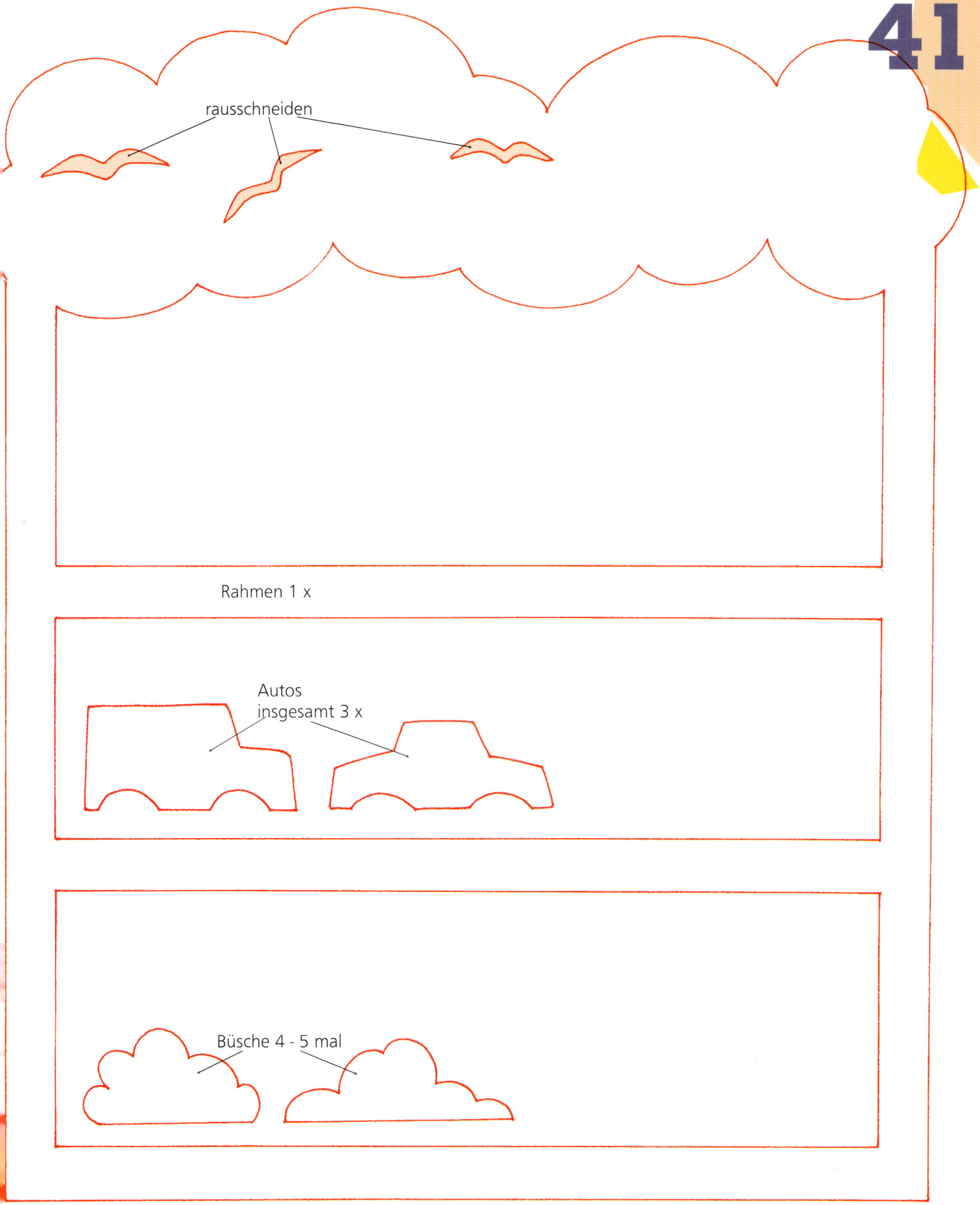
rausschneiden
Rahmen 1 x
Autos
insgesamt 3 x
Büsche 4 - 5 mal

Katzenfamilie

Diese Katzenmutter kann wirklich stolz sein. Deswegen hat sie ihre Kleinen auch so im Blick...

Du stellst dein Fensterbild folgendermaßen zusammen: Klebe Katzenmamas Schwanz so auf die Rückseite, daß er an einer Seite hervorschaut. Drehe dann die Katze wieder um und gib ihr ein Gesicht – wobei du entweder Fertigaugen verwenden oder die Zeichnung aus der Anleitung übernehmen kannst. Eine Fertigschleife schmückt den Katzenhals. Dann klebst du den Katzenbrei auf die Schüssel und setzt darauf die Kätzchen. Damit das reibungslos klappt, mußt du die im Bastelbogen rot gekennzeichnete Linie einschneiden. So kannst du den Katzenkörper einmal rechts, einmal links unter die Schüssel stekken. Die Rückseite der Katzenköpfchen mit Kleber bestreichen und auf die Schüssel stecken. Dann ist wieder die große Katze an der Reihe, die du mittig in die obere Hälfte der Wiese klebst. Nachdem sie getrocknet sind, nimmst du die Kätzchen mit der Schüssel und befestigst sie auf der Katze – wobei du den unteren Teil der Schüssel auch auf der Wiese befestigst. Die Herstellung der bunten Blümchen ist kinderleicht: Du stanzt mit einer Lochzange gleich große Löcher in verschiedenfarbige Fertigblümchen und tauschst die entstandenen Punkte einfach aus. So kannst du beide Seiten der Wiese mit bunten Blumen verzieren. Jetzt nur noch die Gesichter der Kätzchen aufmalen und einen Aufhängefaden anbringen.

Material:

Moosgummi braun, grün (2 mm), weiß, gelb, rosa (1 mm); Fertigteile: Schleife, Blümchen und zwei Augen; Decorlack weiß, schwarz, rosa; Bastelkleber, Faden

Schüssel 1 x
Katzenbrei 1 x
Katzenmama 1 x
Schwanz 1 x
Wiese 1 x
Kätzchen 2 x
(1 x davon
Spiegelverkehrt)
Linie
einschneiden!

Seeräubär

Ein Seeräubär, dem man gerne ein bißchen Gold schenken würde. Zur Abschreckung an deinem Fenster wird er nicht geeignet sein.

Der kleine Seeräubär wird folgendermaßen fertig: Nachdem du die Armlinie des rechten Armes eingeschnitten hast, biegst du den Arm etwas nach oben und montierst das vordere Hosenteil auf dem Körper, das hintere Hosenteil auf der Rückseite des Bären.Dann montierst du beidseitig den Gürtel, vorne mit, hinten ohne Schnalle. Achtung: Klebe den losen Arm noch nicht fest, er bekommt noch das Schwert. Du montierst dann nacheinander die Füße, das Schwert und beidseitig die Kopfbedeckung. Dann folgt die Bemalung der Figur. Die Augen malst du vor der Montage der Schnauze auf. Ansonsten spielt die Reihenfolge keine Rolle. Wenn du dir Zeit für die Pinselarbeit nimmst und dich an die Vorlage hältst, klappt es bestimmt. Ist dein Kunstwerk getrocknet, kannst du es in den Rahmen hängen und mit einem Aufhängefaden fertigstellen.

Material:

Moosgummi blau, orange gelb, (2 mm), weiß (1 mm); Bastelkleber, Aufhängefaden

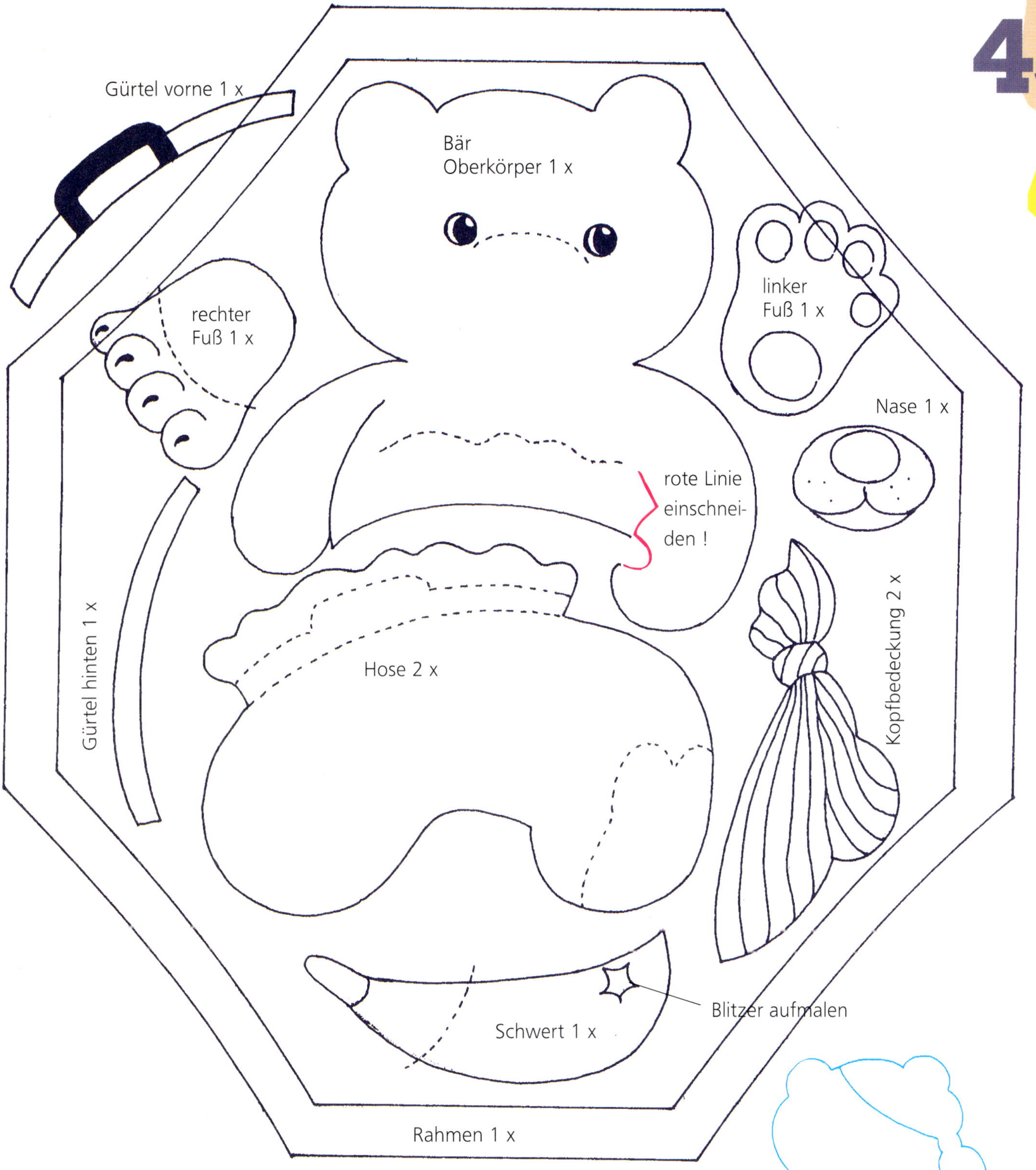

rote Linie einschneiden

So sieht die Rückseite
des Seeräuberbärs aus

Stadtmaus und Feldmaus

Stadtmaus und Feldmaus verbindet doch eines: die Vorliebe für eine deftige Käsemahlzeit...

Als erstes werden die Mäuse angezogen. Der Stadtmaus klebst du vorne und hinten das weiße Hemd auf, darauf sitzt beidseitig die Hose. Die Fliege befestigst du vorne am Hemd. Auch der Feldmaus wird auf beiden Seiten die Hose aufgeklebt. Dann fügst du beiden Mäusen an beliebiger Stelle das Mäuseschwänzchen an. Als nächstes folgen die Ohren. Klebe sie an den Köpfen leicht versetzt an. Male dann Gesichter, Ohrlinien und die Zeichnung auf den Hosen auf. Klebe die Mäuse mit den Füßen auf den Käse und verbinde sie der Stabilität wegen an den Händen miteinander. Male bei einigen Käselöchern ockerfarbene Schatten. Den Aufhängefaden bringst du nach dem Trocknen an den Händen an.

Material:
Moosgummi blau, braun, grau, gelb, lila (2 mm), weiß, rot (1 mm); Bastellack weiß, schwarz, ocker; Bastelkleber, Faden

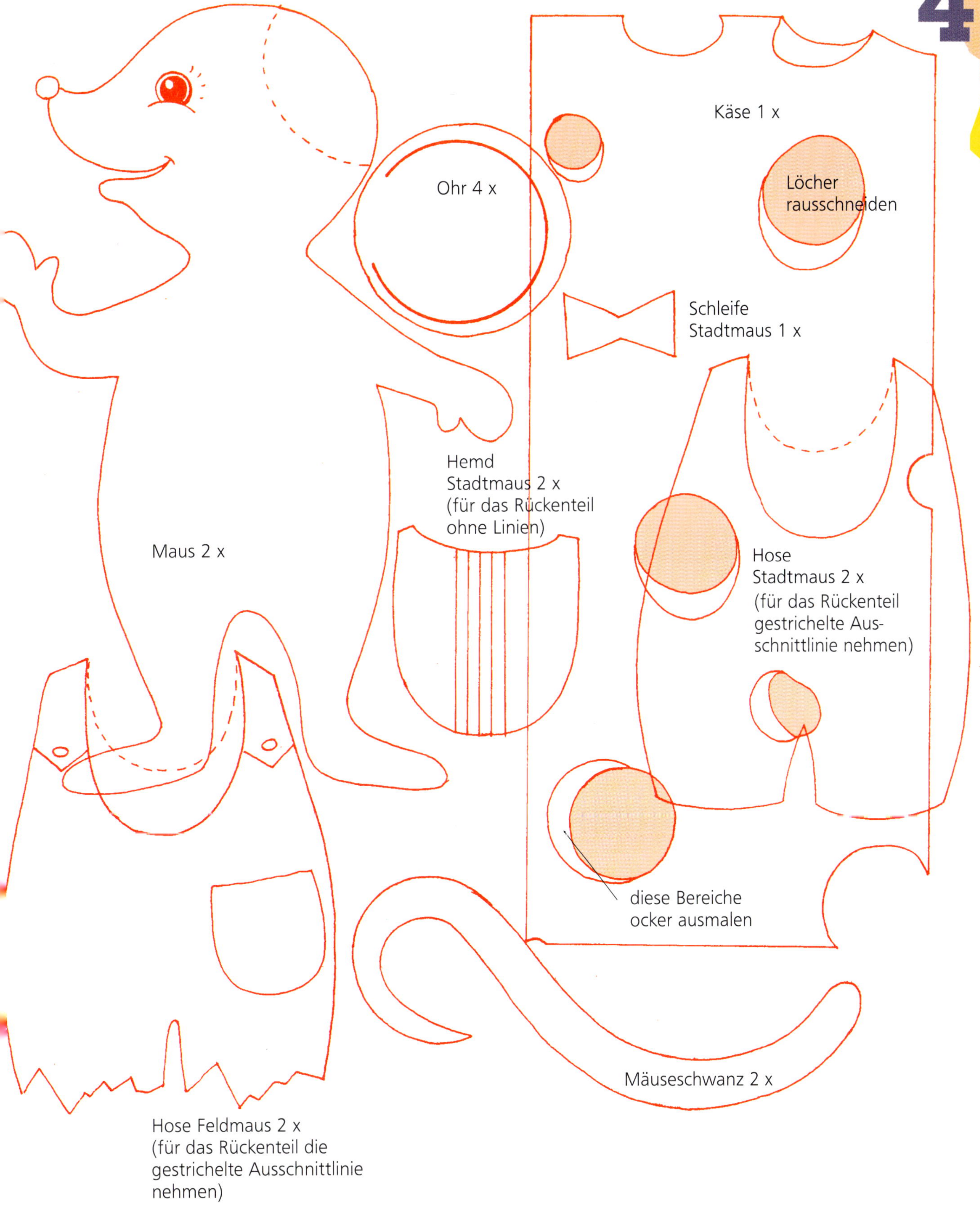
Käse 1 x
Löcher rausschneiden
Ohr 4 x
Schleife Stadtmaus 1 x
Hemd Stadtmaus 2 x (für das Rückenteil ohne Linien)
Maus 2 x
Hose Stadtmaus 2 x (für das Rückenteil gestrichelte Ausschnittlinie nehmen)
diese Bereiche ocker ausmalen
Mäuseschwanz 2 x
Hose Feldmaus 2 x (für das Rückenteil die gestrichelte Ausschnittlinie nehmen)

Endlich hat es geklappt: Gemütlich sitzen die Indianer in ihrem Zelt bei einem freundschaftlichen Friedenspfeifchen.

Die Friedenspfeife

Die Montage der beiden Indianer ist bis auf das Ankleben der Friedenspfeife dieselbe. Du klebst zuerst den Kopf zwischen die beiden Gewandteile. Im Bereich der Füße das Kleid noch nicht zusammenkleben. Dann befestigst du auf beiden Seiten des Kopfes die Haare. Auf die Handflächen der Arme klebst du die rosa Hände. Den Fransenstreifen schneidest du in der Länge passend zu, schneidest die Fransen ein und klebst ihn auf den Ärmeln (Hilfslinie) fest. Dann befestigst du die Arme und die Borte auf beiden Seiten am Körper. Wähle nun einen Indianer, dem du die Pfeife in die Hand gibst, und klebe sie fest. Nachdem beide Indianer komplett sind, werden sie in das Zelt gesetzt. Zu diesem Zweck biegst du die Gewänder etwas auseinander, bestreichst sie innen mit Klebstoff und klemmst die Figuren auf den Rahmen. Zuletzt werden die Füße auf beiden Seiten des Rahmens aufgeklebt. Zöpfe und Federn zusätzlich am Rahmen fixieren. Das gibt den Figuren mehr Halt. Nun spannst du einen Faden zwischen Pfeife und Zeltspitze (Achtung, nicht zu stramm ziehen!) und befestigst darauf mit Bastelkleber kleine Rauchwolken aus Watte. Durch das anschließende Anbringen der Zeltspitze auf beiden Seiten verdeckst du die Klebestellen des Fadens. Wie immer den Aufhängefaden anbringen, bemalen, und die friedvolle Szene ist fertig.

Material:

Moosgummi lachsrosa, weiß, schwarz, rot, dunkelgrün, hellgrün, hellblau, orange (1 bis 2 mm), gelb (3 mm); Bastellack schwarz, weiß, blau, rot; Watte, Bastelkleber, Faden

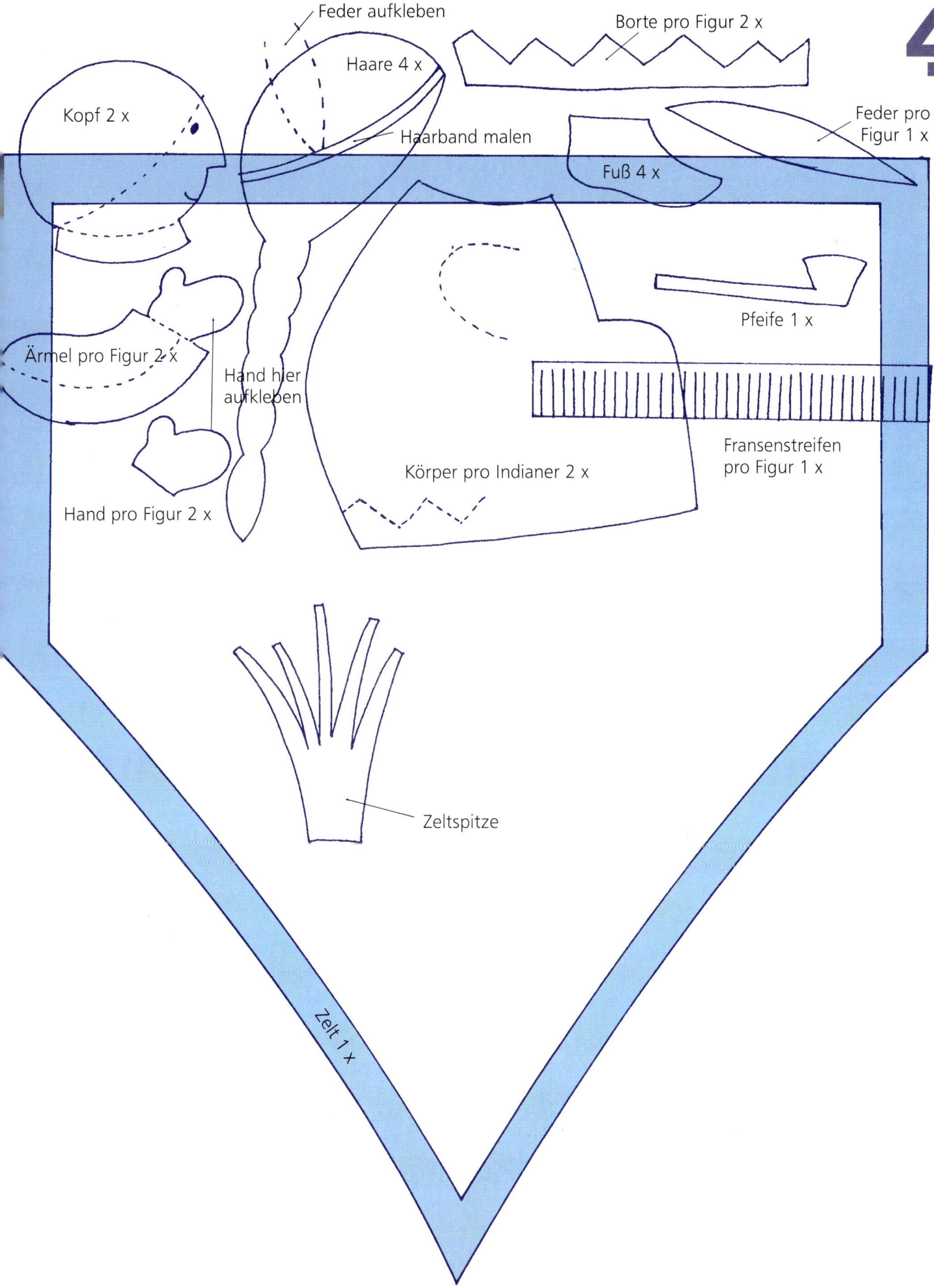
Feder aufkleben
Borte pro Figur 2 x
Haare 4 x
Kopf 2 x
Haarband malen
Feder pro Figur 1 x
Fuß 4 x
Pfeife 1 x
Ärmel pro Figur 2 x
Hand hier aufkleben
Fransenstreifen pro Figur 1 x
Körper pro Indianer 2 x
Hand pro Figur 2 x
Zeltspitze
Zelt 1 x

50

Der kleine Nils

Da zeigt es sich wieder einmal, daß es nicht schlecht ist, Tiere als Freunde zu haben. Nils Holgersson hat es geschafft...

Zuerst stellst du die Gänse fertig. Damit sie von zwei Seiten zu betrachten sind, mußt du die Linien für die Flügel auch auf die Rückseite aufpausen. Ziehe sie dann mit hellblauem Decorlack nach und montiere auf den Gänsen beidseitig Füße und Schnäbel. Nun basteln wir den kleinen Nils. Den Körper befestigst du zwischen den beiden Hosenteilen, indem du am Bauch beidseitig einen Streifen Klebstoff aufträgst. Achtung: Die Hosenteile an den Beinen noch nicht zusammenkleben! Befestige am Kopf vorne und hinten die Haare. Die Arme nur an den Schultern festkleben. Wenn du Nils nun auch sein Gesicht gemalt hast, ist er fertig und du kannst ihn auf die große Gans setzen. Dafür biegst du seine Beine etwas auseinander und bringst innen Klebstoff an. Dann klemmst du den Gänsehals zwischen die Beine. Die kleine Gans hängst du an den Bauch der großen. Am Flügel der großen Gans einen Faden zum Aufhängen befestigen.

Material:

Moosgummi weiß (etwa 3 mm), orange, blau, lachsrosa, gelb (1 bis 2 mm); Decorlack hellblau, grün, rot, schwarz

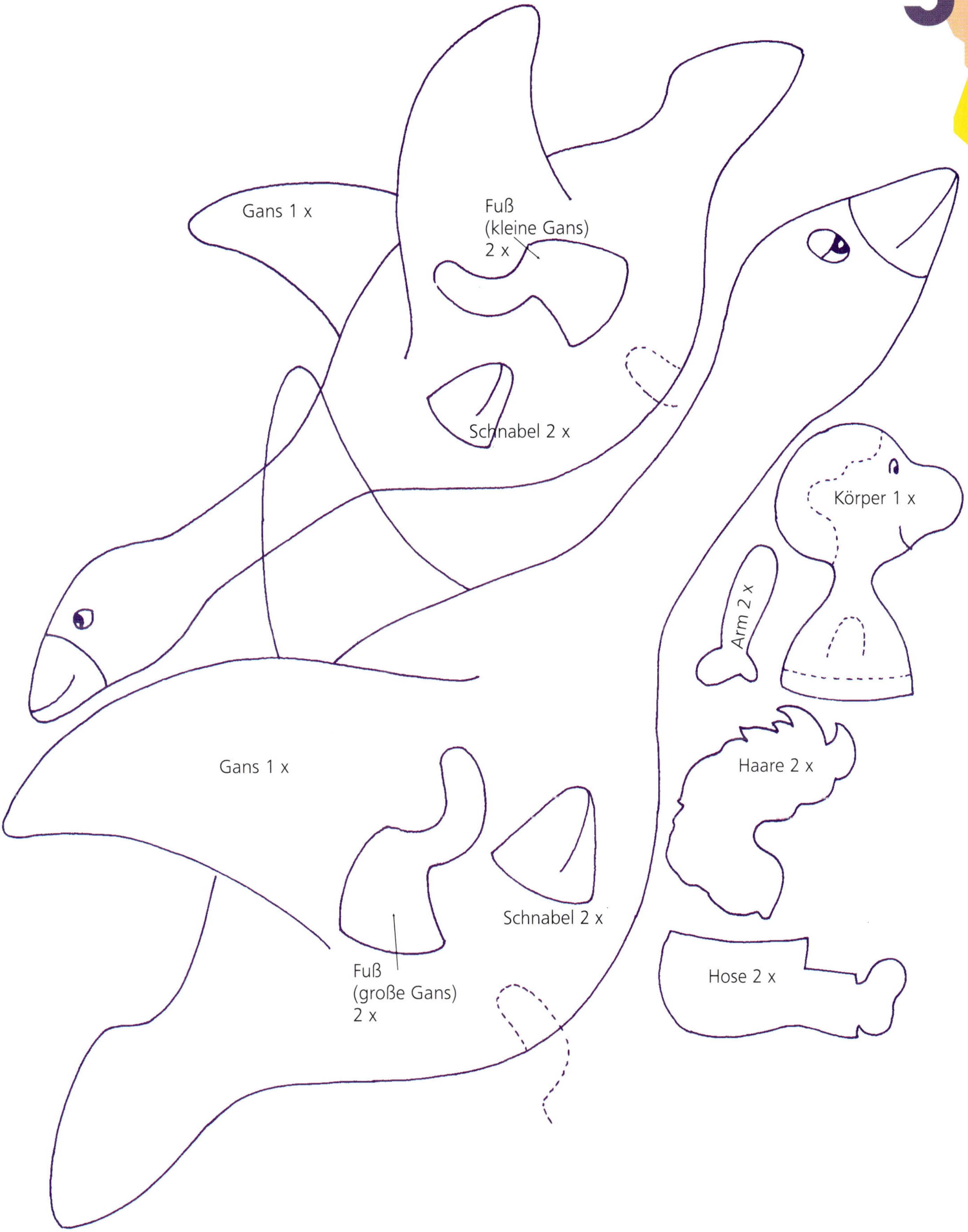
Gans 1 x
Fuß
(kleine Gans)
2 x
Schnabel 2 x
Körper 1 x
Arm 2 x
Gans 1 x
Haare 2 x
Schnabel 2 x
Fuß
(große Gans)
2 x
Hose 2 x

Schleier-eule

Eulen bei Mitternacht auf dem Turm, wenn die Glocke schlägt… Ein geheimnisvolles Bild.

Vorne und hinten auf den Körper klebst du die Flügel. Das Gesicht montierst du nur auf der Vorderseite, darauf kommen die Augen und der Schnabel. Die Pupillen kannst du auf die gelben, ausgeschnittenen Kreise aufmalen, oder du nimmst zwei fertige Punkte. Danach verzierst du das Gefieder mit weißen und schwarzen Punkten. Anschließend klebst du die Eule mit Fuß und Schwanzfeder am Türmchen fest. Ist die Arbeit getrocknet, hängst du die Eule mit einem Faden an den Mond, den du beidseitig mit bunten Fertigsternen schmückst. Mit einem Aufhängefaden am Mond kannst du das fertige Bild im Fenster aufhängen.

Material:
Moosgummi gelb, beige, braun, blau, weiß, orange (2 mm); bunte Fertigsterne, zwei schwarze Fertigpunkte; Bastelkleber, Faden

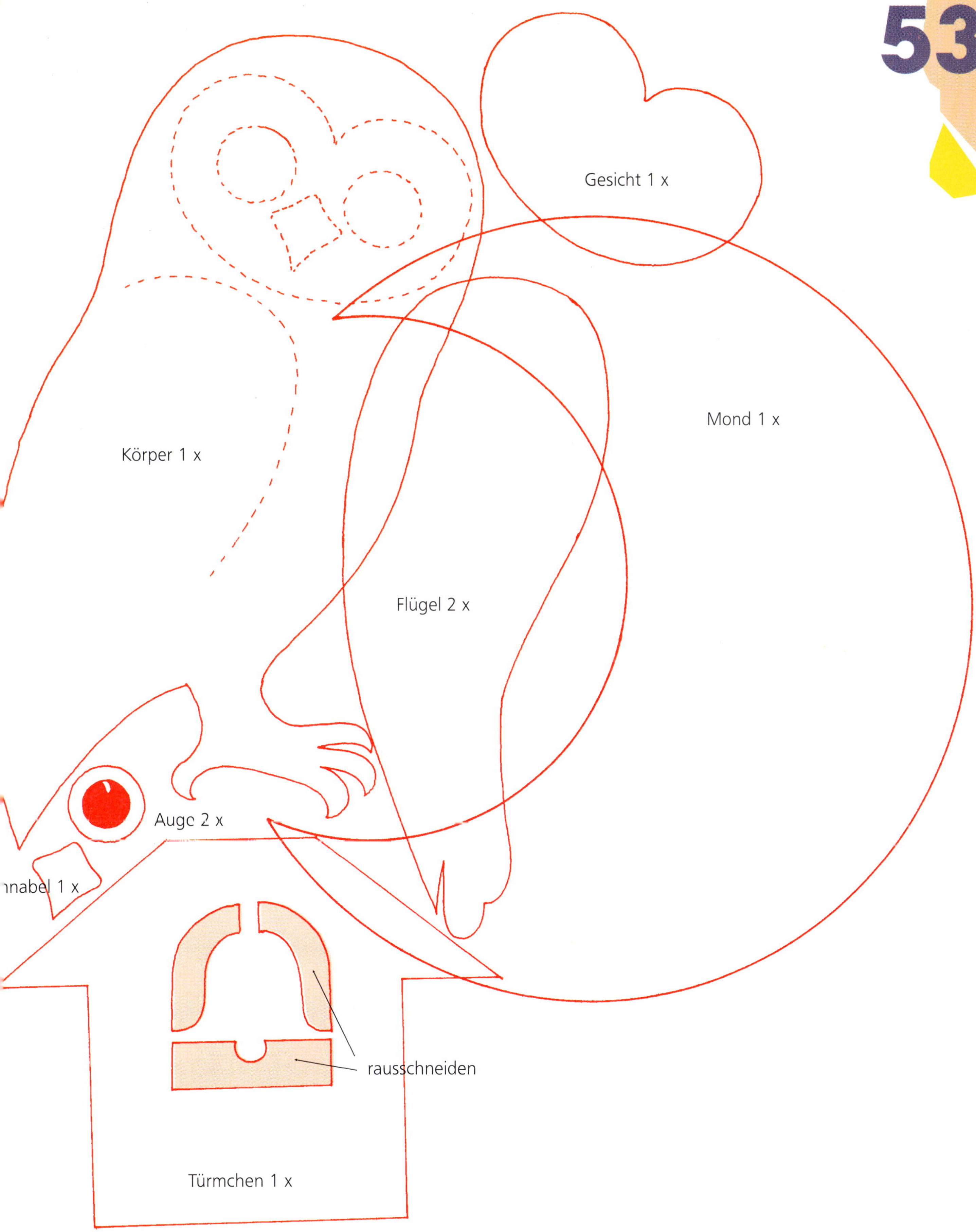
Gesicht 1 x
Mond 1 x
Körper 1 x
Flügel 2 x
Auge 2 x
nabel 1 x
rausschneiden
Türmchen 1 x

Kerzen und Engel: In der Adventszeit sind sie die Vorboten des Christkinds.

Kerzenbogen

Zuerst setzt du die Engel aus den Einzelteilen zusammen. Klebe die Köpfe auf die Flügel, auf den Kopf wiederum die Haare. (Die Flügel hast du vorher golden lackiert.) Dann montierst du die Kerzen (ohne Flammen) auf dem halben Ring – dort, wo die Hilfslinie gestrichelt ist. Wenn die Arbeit getrocknet ist, drehst du den Ring um und klebst auf jede Kerze ein Flamme. Danach wird das zweite Kerzenteil auf jeder Kerze befestigt. Beim nächsten Schritt montierst du die Ilexblätter auf dem Halbkreis und darauf den Engelkopf mit Flügeln. Auf die Rückseite klebst du Blätter und Engelkopf gegengleich auf. Jetzt brauchst du nur noch die Kugeln aufzuhängen. Befestige also vorerst an drei Fertigkugeln (eine davon golden lackiert) einen Faden. Du bohrst mit Nadel oder Cutterspitze ein Loch in die Kugel und drückst den Faden mit Sekundenkleber und einer Bleistiftspitze hinein. Nach dem Trocknen kannst du die Kugeln am Kerzenbogen anbringen. Mit einem Aufhängefaden ist das Fensterbild komplett.

Material:

Moosgummi gelb, lila, hellgrün, lachsrosa (1 mm), dunkelgrün, weiß (Flügel), braun (2 mm); Fertigkugeln in beliebigen Farben; Sekundenkleber, Bastelkleber, Faden

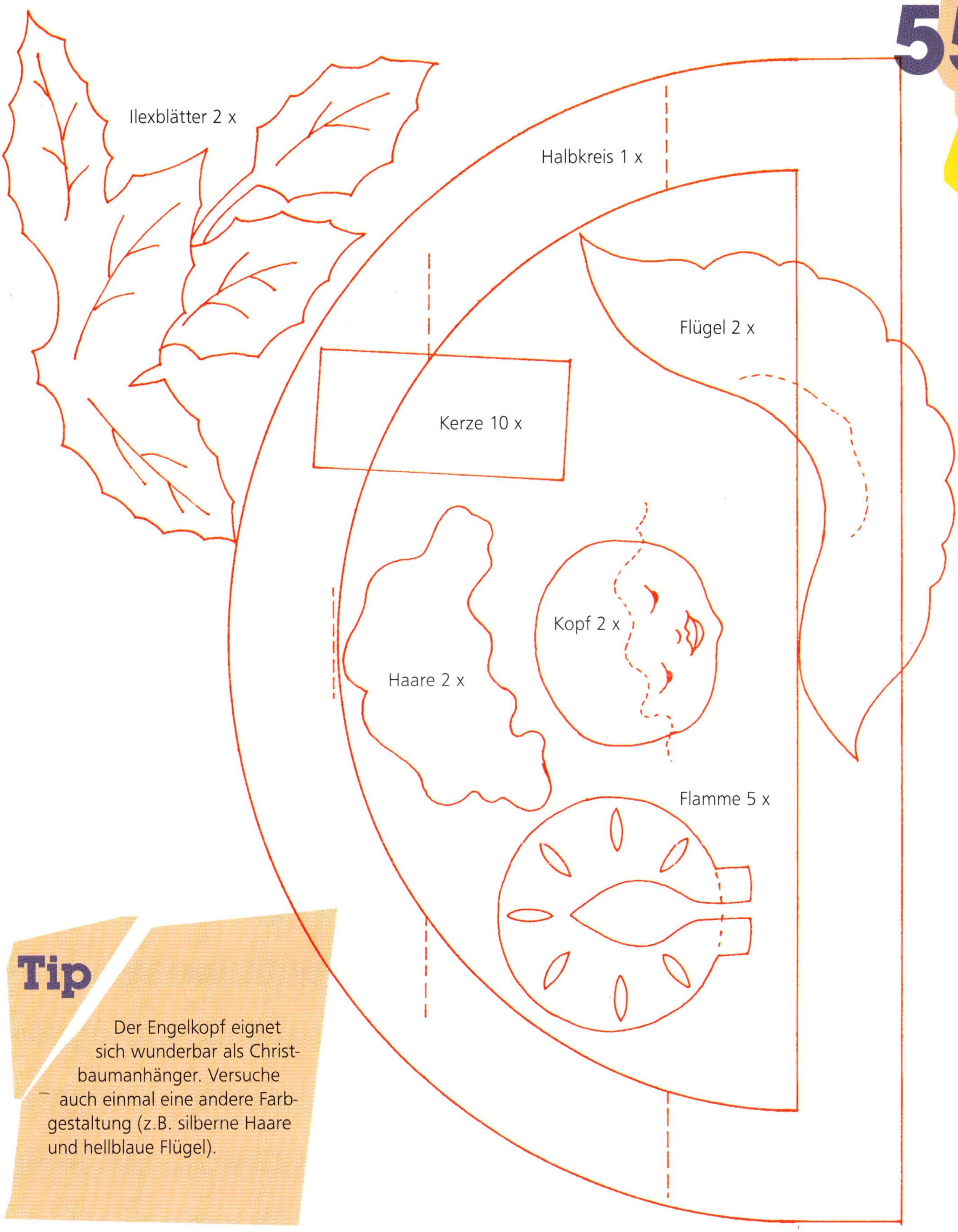

Tip

Der Engelkopf eignet sich wunderbar als Christbaumanhänger. Versuche auch einmal eine andere Farbgestaltung (z.B. silberne Haare und hellblaue Flügel).

Mutter Bär mit Kind

Eigentlich möchte man die beiden ja am liebsten immer um sich herum haben... Für die Betrachter am Fenster haben sie sich besonders hübsch herausgeputzt.

Du schneidest die große Bärenform aus. Auch die schraffierten Bereiche werden mit dem Cutter herausgenommen. Die Bären gestaltest du zweiseitig, d.h., du mußt auf Vorder- und Rückseite zwei Augenpaare aufmalen, bevor du die Nasen aufklebst und sie ebenfalls bemalst. Dann klebst du der Bärenmutter auf Vorder- und Rückseite etwas schräg ihren Hut auf und schmückst ihn mit Fertigteilen (Herz, Blümchen, Stern). Tochter Bär bekommt ebenfalls vorne und hinten ihre Schleife und das Röckchen. Dieses kannst du zusätzlich noch mit ausgestanzten Punkten (Lochzange) verschönern.

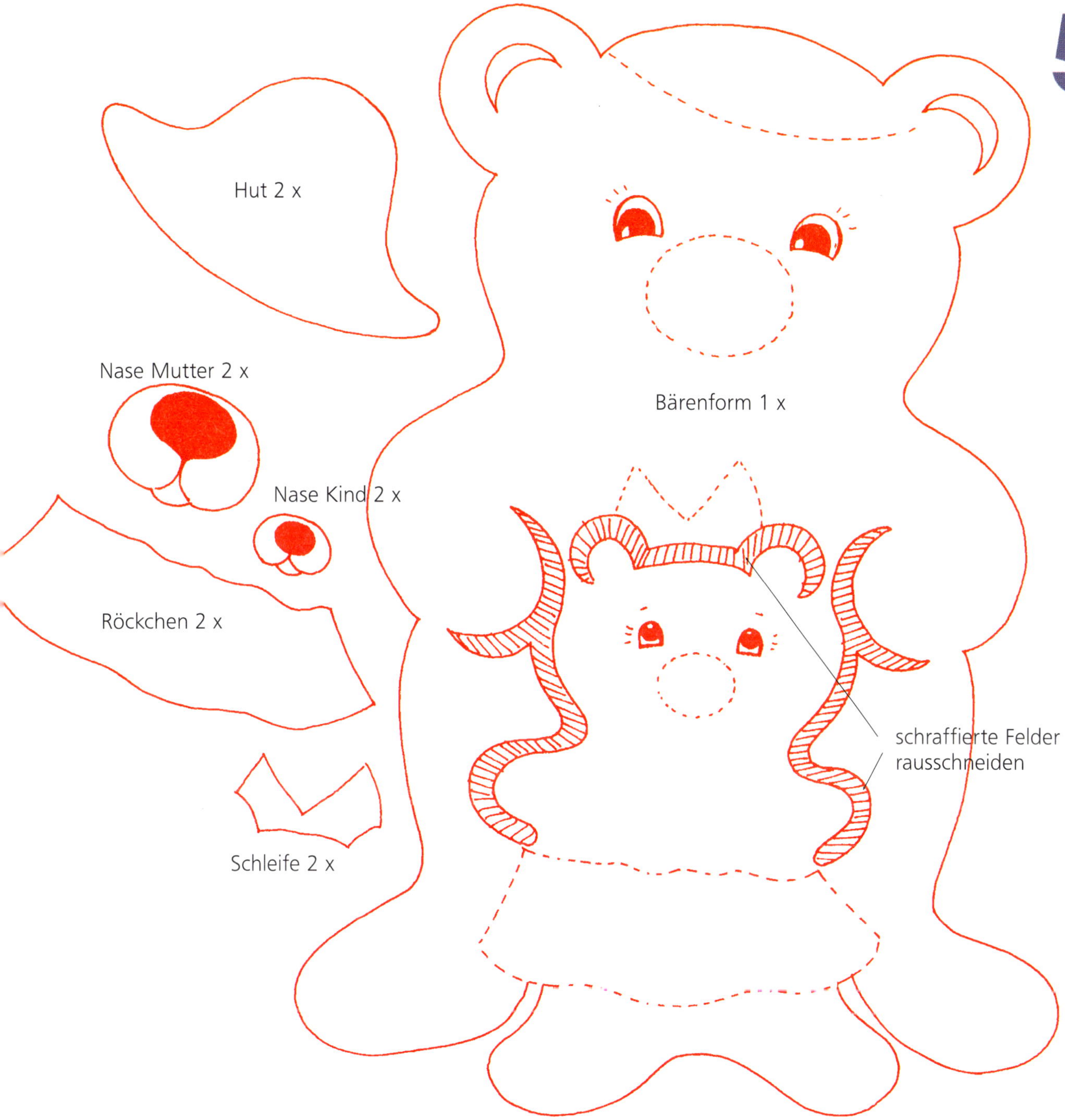

Tip

Je näher du die Nase beim Aufkleben in Richtung Augen schiebst, umso niedlicher wird der Gesichtsausdruck.

Material:

Moosgummi rot, gelb, rosa (maximal 2 mm); Fertigteile (Herzen, Blümchen, Sterne); Decorlack weiß, schwarz; Bastelkleber, Faden

Tuckerzug *(Fenstergirlande)*

Nein, das ist kein Viehtransport, sondern eine Ausflugsfahrt ins Blaue für besonders neugierige und friedliebende Freunde.

Du bastelst zuerst die Tiere. Male die Gesichter auf Hase und Maus, klebe dem Schwein die Nase an, dem Pferd die Augenringe und Nase. (Wenn es dir besser gefällt, kannst du diese Teile auch bei Pferd und Schwein aufmalen.) Den Schafskopf klebst du zwischen die Wolle, die du zweimal ausgeschnitten hast, und malst vorne und hinten das Gesicht auf. Auch alle anderen Tiere werden auf beiden Seiten gestaltet. Dann werden die Tiere in den Zug gesetzt und gleichzeitig die Waggons mittels eines Fadens aneinandergehängt. Das geht so: du befestigst einen ca. 60 cm langen Faden links und rechts mit Tesafilm auf dem Arbeitstisch. Dann bestreichst du eines der jeweils zwei Waggonteile mit Klebstoff und schiebst sie so unter den gespannten Faden, daß die Waggons in gleichmäßigen Abständen hintereinanderliegen und der Faden im oberen Bereich verläuft. Als nächstes setzt du die Tierköpfe auf die Hälften und befestigst dann die Gegenstücke der Waggons darauf. Die Lokomotive bringst du vorne an, indem du sie an den heraushängenden Faden knotest. Der Aufhängefaden für die Girlande wird vorne an der Lok befestigt. Hinten wird der Rest des Fadens, auf dem die Waggons aufgeklebt sind, verwendet. Ganz zum Schluß klebst du die Räder (Fertigteile) an. Die Walzen kannst du leicht herausdrücken, sie sind so vorgestanzt. Die Fahrt kann losgehen!

Material:

Moosgummi rot, hellblau, grün, türkis, orange, rosa, grau, gestreift, braun (2 mm), weiß, lachsrosa (1 mm); Decorlack schwarz, weiß; Faden, Bastelkleber

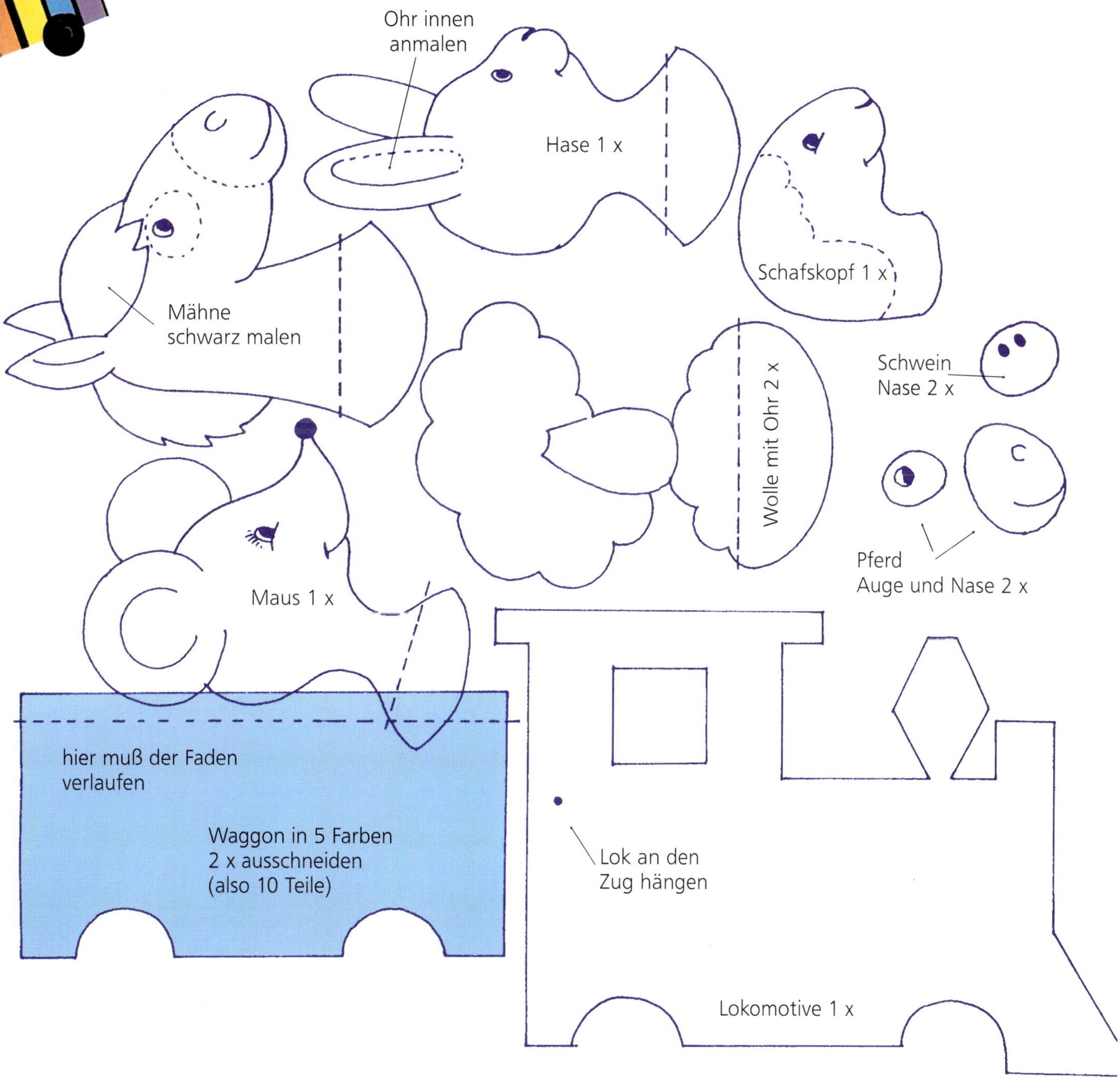

Ohr innen anmalen
Hase 1 x
Schafskopf 1 x
Mähne schwarz malen
Wolle mit Ohr 2 x
Schwein Nase 2 x
Pferd Auge und Nase 2 x
Maus 1 x
hier muß der Faden verlaufen
Waggon in 5 Farben 2 x ausschneiden (also 10 Teile)
Lok an den Zug hängen
Lokomotive 1 x

Luftschiff der Träume

Zeppeline kommen wieder in Mode – sogar bei Enten!

Das wichtigste Teil dieses Prachtstücks ist natürlich der Luftschiffkörper, den du zweimal – einmal aus rosa und einmal aus lila Moosgummi – ausschneidest. Die rosa Form zerschneidest du nun nach der Vorlage (gestrichelte Hilfslinien) in Streifen. Wenn du diese jetzt so aufklebst, daß dazwischen immer ein lila Streifen freibleibt, reicht die Anzahl für Vorder- und Rückseite genau aus. Während das Luftschiff trocknet, gestaltest du die Ente und den Passagier: male mit Lack Schnabel und Auge, und bei dem Fahrgast Gesicht, Pullover und Haare auf. Die Gondel verzierst du beidseitig mit goldenen Sternen und Schnörkeln, und auch das senkrechte Rückenflossenteil erhält Sternchen. Jetzt montierst du das Männchen und die Leiter auf der Innenseite des hinteren Gondelteils. Anschließend kommt Klebstoff auf den inneren, oberen Rand der Gondel, so daß du den Luftschiffkörper daraufkleben kannst. Dann das vordere Gondelteil daraufsetzen, und die Gondel ist zusammengebaut. Als nächstes stellst du die Ente fertig, klebst die Flügel auf und befestigst sie beidseitig am Zeppelin. Mit den Füßen machst du es genauso. Die Teile der Rückenflosse werden ineinandergesteckt und mit der Einkerbung des waagrechten Teils am Luftschiff befestigt (Sekundenkleber). Jetzt hängst du den Zeppelin an die Wolke und befestigst daran einen Aufhängefaden. Die Arbeit hat sich gelohnt, findest du nicht auch?

Material:

Moosgummi blau, rosa, lila, türkis, braun (2 mm), weiß, lachsrosa (1 mm); Decorlack rot, gelb, schwarz und gold; Bastelkleber, Sekundenkleber

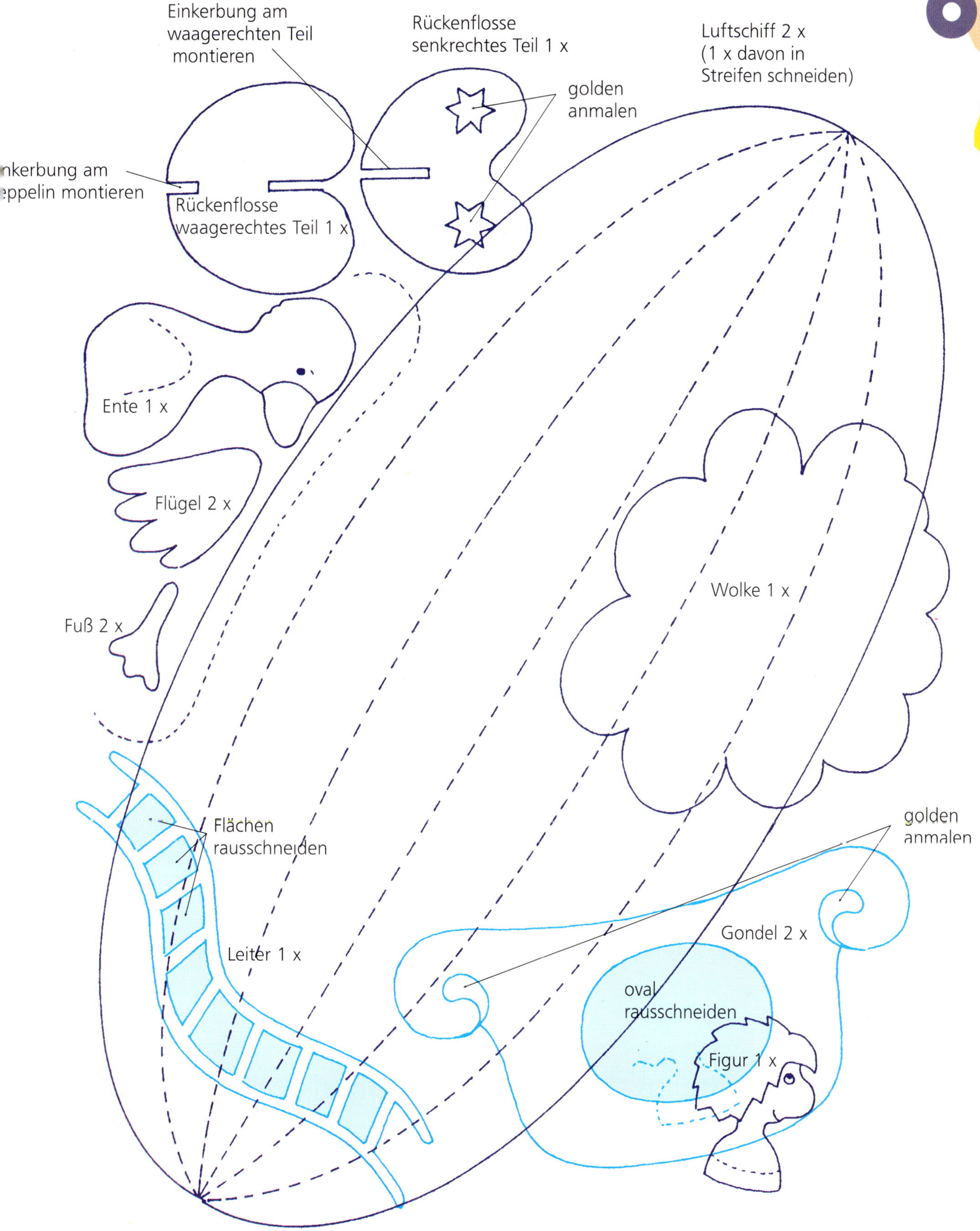
Einkerbung am
waagerechten Teil
montieren
Rückenflosse
senkrechtes Teil 1 x
Luftschiff 2 x
(1 x davon in
Streifen schneiden)
golden
anmalen
nkerbung am
ppelin montieren
Rückenflosse
waagerechtes Teil 1 x
Ente 1 x
Flügel 2 x
Fuß 2 x
Wolke 1 x
Flächen
rausschneiden
Leiter 1 x
golden
anmalen
Gondel 2 x
oval
rausschneiden
Figur 1 x

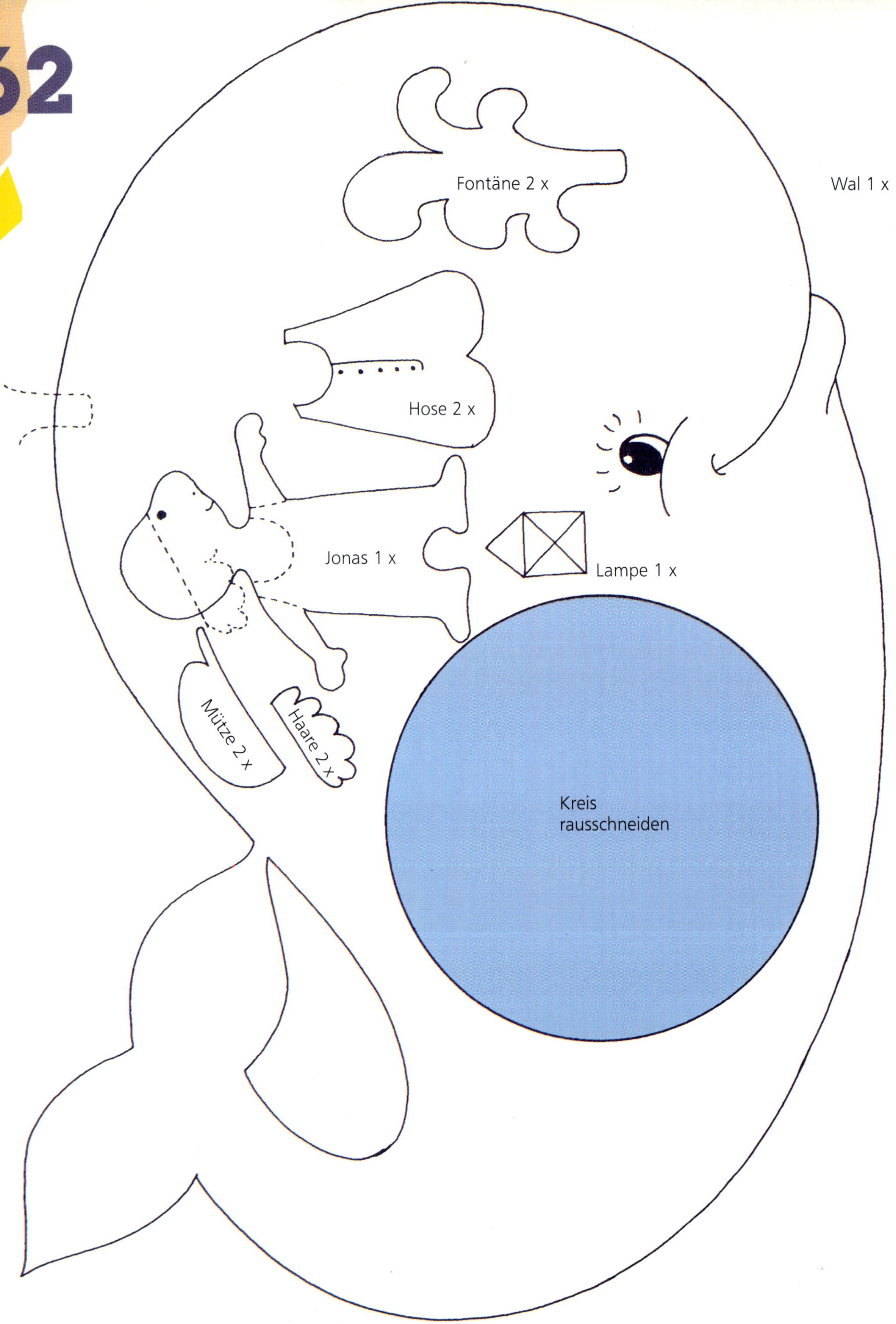
Fontäne 2 x
Wal 1 x
Hose 2 x
Jonas 1 x
Lampe 1 x
Mütze 2 x
Haare 2 x
Kreis
rausschneiden